디지털_ +
헬스케어 전쟁

초판 1쇄 인쇄 | 2021년 01월 15일
초판 1쇄 발행 | 2021년 01월 22일

지은이 | 노동훈
감수 | 배진용
총괄편집 | 장영광
편집 디자인 | 정은희
발행처 | 청춘미디어
출판등록 | 제2014년 7월 24일, 제2014-02호
전화 | 02) 2060-2938
팩스 | 02) 6918-4190
메일 | stevenjangs@gmail.com

ISBN 979-11-87654-88-9

책값 15,000원(만 오 천원)

디지털_
헬스케어 전쟁

DIGITAL
HEALTHCARE

노동훈 지음

청춘미디어

코로나로 인해 사회적 거리두기가 일상이 된 시대, 마음 놓고 마스크를 벗고 다니지도 못하고 모임에도 참가하지 못하는 등 많은 제약이 따르는 상황입니다. 이는 의료 서비스 분야에서도 예외가 아닙니다. 의사와 간호사들도 코로나에 대거 감염되니 환자가 찾을 수 없는 것이 당연합니다. 이러한 언택트 시대에 건강을 챙기려면 어떻게 해야 할지 관심사가 높아질 수밖에 없습니다. 그에 대한 해답으로 떠오른 것이 바로 '디지털 헬스케어'입니다.

의사와 일대일로 대면하지 않고 인터넷을 이용하여 먼 거리에서도 상담과 진료가 가능한 시스템으로 시대에 딱 맞게 나타난 이 서비스는 이미 사용자가 이전의 몇 배 이상으로 늘어나는 등 호황을 누리고 있습니다. 그러한 추세에 맞춰 본 도서가 발간되는 것이 의미 깊습니다. 디지털 헬스케어란 정확히 무엇인지, 디지털 헬스케어의 과거와 현재는 어떻게 다른지, K-디지털 헬스케어의 분야 및 우리는 어떻게 디지털 헬스케어를 맞이해야 하는지까지 광범위하게 서술하고 있는 본서를 통해 많은 정보와 깨달음을 얻을 수 있으리라 생각합니다.

시대는 끊임없이 변화하고 그 물결에 맞추어 사람들의 요구와 대응 방식도 달라집니다. 포스트 코로나 시대, 과연 디지털 헬스케어는 우리에게 어떤 시사점을 던져주는지 숙고해 볼 시간입니다. 많은 이들의 건강과 안녕을 빌며, 본서가 큰 도움을 줄 수 있기를 바라는 바입니다.

_도서출판 행복에너지 대표이사, 권선복

코로나19 때문에 4차 산업혁명 시대가 앞당겨지고 실험단계에 들어간 작금의 상황에서 '디지털헬스케어 전쟁'이라는 책 출판은 독자들의 관심을 끌기에 시의적절 하다고 판단됩니다.

특히 IT 등 다른 분야에 비해 4차 산업혁명 수용이 다소 보수적인 의료계에 '디지털 헬스케어 전쟁'은 환자와 의료계 종사자들에게 4차 산업과 디지털 헬스케어에 대한 인식 전환이 되는 계기가 될 것으로 보입니다. 늘 열정적으로 공부하는 노동훈 병원장님의 모습에 박수를 보냅니다.

_한북신문 발행인 겸 편집국장, 김기만

의료계 39년 재임 중 다양한 변화가 있었지만 압권은 오프라인에서 온라인으로 효율성까지 극대화된 파격적 변화다. 헬스케어 역시 디지털 시대로 진화중인 과정에서 근면, 성실한 저자의 인품과 이 서적이 오버랩되어 현 시대를 살아가는 이들에 유익한 필독서가 되리라 굳게 믿는다.

_사단법인 한국만성기의료협회 / 희연병원 회장, 김덕진

노동훈 원장님과 몇 년 전에 점심을 함께할 기회가 있었습니다. 요양병원을 운영하면서 노인들인 환자들을 가족 돌보듯 존엄케어를 하겠다는 말을 상당히 진지하게 설명해준 기억이 납니다. 이제 저자는 디지털 헬스케어와 임상을 통해 얻은 경험을 융합해 노환과 질병, 통증과 죽음을 마주한 이들에게 더 진전되고 과학적인 존엄케어를 할 것이라 믿으며 이 책이 많은 사람들에게 동기부여가 되었으면 합니다.

_신우신용 협동조합 이사장, 김명철

코로나19로 인해 디지털 트렌스포메이션이 빛의 속도로 진행되고 있습니다. 빠른 속도로 사회 각 분야에서 혁명적인 변화가 일어나고 있으니 의료분야도 변화의 압력을 받고 있으리라 봅니다. 아마도 저자가 디지털 헬스케어를 주제로 책을 쓰고자 한 것도 이런 변화를 현장에서 생생하게 느끼고 있기 때문이 아닌가 생각해 봅니다.

얼마 전에 그와 강원도 산골에서 술잔을 기울이며 밤새워 이야기를 나눈 적이 있습니다. 주제를 넘나들며 그가 열정적으로 쏟아낸 이야기들은 동서고금 문사철을 섭렵하지 않았으면 불가능한 이야기들 이었습니다. 전공의 2년차부터 그가 문학과 역사 그리고 철학 서적들을 탐독했다는 이야기를 들었습니다. 그는 세상을 보는 관점이 좋은 의사입니다. 때문에 그가 환자에 대해 좋은 의사이고 앞으로도 좋은 의사로 살 것이라 생각합니다.

노동훈 원장과 저는 기업인 독서토론 모임을 함께 하고 있습니다. 디지털 헬스케어에 관한 그의 통찰이 스며 있을 책이 나오면 함께 읽고 토론할 생각을 하니 행복합니다.

_기업인 독서토론 모임 '행복자리' 회장 / 스콜라스 대표이사, 김선철

코로나19는 사회 전반에 큰 변화를 일으키고 있습니다. 근래에 성장을 거듭해 온 디지털 산업은 코로나19 국면에서 가히 폭발적인 성장을 하고 있습니다. 디지털 경제는 이제 미래 경제의 패러다임이 되고 있습니다. 인공지능, 빅데이터, 가상현실은 사람들의 생활과 문화를 전면적으로 바꾸는 디지털 경제의 핵심 키워드입니다. 헬스케어 분야에서도 ICT 기술과 융합된 디지털 헬스케어가 떠오르고 있습니다. 그러나 원격의료 등을 둘러싼 찬반 논쟁에서 보여지듯이 보건의료계 내부에서는 미래 변화의 방향과 속도에 대해 많은 이견들이 있습니다. 이 책은 IT 기술발전이 미래 의료를 어떻게 바꾸어 나갈지를 아주 쉽게 쓴 책입니다. 저는 보건의료계에서 일해 온 풍부한 경험을 바탕으로 다가 올 디지털 헬스케어의 미래를 예측하고 있습니다. 미래를 생생하고 실체감있게 그려보면서, 변화에 대한 준비하고자 하는 분들에게 이 책이 유용하게 사용되기를 추천드립니다.

_전) 의정부의료원장 / 현) 국회 보좌관, 김왕태

최근 세계는 대한 민국의 K팝, K뷰티에 이어 K메디컬에 열광하고 있다. 특히 최첨단 IT기술과 의료서비스가 융합한 '디지털 헬스케어'에 주목하고 있다. 이런 점에서 한국의 '디지털 헬스케어'는 중요한 의미를 갖는다. 한 글로벌 시장 조사 기관은 글로벌 디지털 헬스케어 시장 규모가 지난 2019년 130조원(1064억달러)에서 연평균 29.6% 성장해 오는 2025년 600조원(5044억달러)이 될 것으로 전망했다. 노동훈 원장이 평소 느끼고 분석한 것을 집대성한 이 책은 역사적 사례를 짚어보고 미래를 예측 할 수 있는 인사이트(insight)를 얻기에 충분하다.

_비즈니스리포트 편집국장, 김재홍

디지털 헬스케어, 진일보한 의료기술과 디지털 시대의 첨단 기술을 융합하여 국민 건강과 편의성, 신속성 등은 기본이고 시간과 거리를 넘는 미래형 먹거리의 하나이다. 선진 각국은 이미 디지털 헬스케어가 미래 인류의 건강을 위한 핵심 과제로 선정하여 상당한 진일보한 결과를 도출하는 상황과 반대로 우리는 과거로 가고 있는 실정이다. 각종 규제 일변도의 포지티브 정책이 만연되어 제대로 된 스타트 업 등은 고사하고 관계 부처와 각종 단체의 이기주의가 주도하면서 과거로의 여행에 빠져드는 형국이라 할 수 있다.

　미래형 전기차에 탑재된 각종 센서가 운전자의 눈동자, 손의 맥박 등 각종 진단정보를 통하여 컨디션을 확인하고 최적의 운전을 권장하고 비상 시 구난 구조를 센터 등 각종 기관에 자동 통보하는 미래형 디지털 헬스케어도 당장 생각해볼 수 있다. 휴대폰에 탑재된 간이 의료측정 센서 등이 원거리에서 환자의 상태를 측정하여 의료센터로 통보하고 신속하게 진단하고 처방을 내리는 위급용 디지털 헬스케어도 충분히 상상할 수 있다.

　우리는 세계 수준급의 의료기술과 설비를 갖추고 있고 휴대폰을 비롯한 각종 디지털 관련 기술도 세계 최고 수준이건만 이를 통합하는 스타트업의 한계와 규제 일변도의 제도, 그리고 이기주의적 단체 등으로 한계에 부딪히고 있는 실정이다. 이 한계를 극복할 수 있는 역량은 언제 가능해질 것인가?

　이 책자는 이러한 디지털 헬스케어에 대한 각종 의문에 대한 다양한 답변과 생각을 심어준다고 할 수 있다. 미래에 대한 각종 편견과 주관적 판단을 뒤로하고 미래에 대한 희망과 가능성을 점쳐볼 수 있다. 관련 책자가 드문 상황에서 미래에 대한 희망과 긍정적인 인식 제고에도 큰 도움이 될 것으로 확신한다. 이 책자가 디지털 헬스케어에 대한 구체적인 희망을 가져보는 계기가 되길 바란다.

_김필수, 대림대 미래자동차과 교수

노동훈 선생은 비뇨의학과 전문의로, 요양병원을 운영 하며 학회 활동에도 열심히 하고 새로운 것을 배우는 일에도 열심히 하고 있습니다. 병원을 운영하며 대한 노인비뇨의학회 활동도 열심히 하고, 새로운 디지털 기술을 의료에 저변 확대하기 위해 노력하는 모습이 보기 좋습니다. 읽어보니, 디지털 헬스케어에 대한 내용을 풍부한 사례와 예시로 이해하기 쉽게 썼고, 이 산업에 진입하려는 분들에게 실질적인 조언이 있습니다. 독자 여러분들의 일독을 권합니다.

_대한 노인요양비뇨의학회 회장, 노준화

"전기차는 도로위에 스마트폰이 될 것이다"

전기차혁명 저자 도정국 교수입니다. 노동훈 원장님을 경영대학 조찬모임에서 처음 뵈었습니다. 늘 앞자리에서 일찍 오셔서 노트북을 들고 기록하시는 모습으로 기억합니다. 그 정도로 부지런하신 분이 의사이신줄 몰랐습니다. 전문의이시면서 스마트 헬스케어 전문가로 트랜스포머하시는 쉽지 않은 선택을 하신 노동훈 원장님의 길이 앞으로 헬스케어시장에 네비게이션 역할을 하리라 봅니다.

_동신대학교 교수, 도정국

기존의 이론적 디지털 헬스케어 저서들과는 달리 이 책에는 저자가 요양병원을 운영하고 진료하며 얻은 수많은 진료경험들이 생생하게 녹아있다. 이 책을 읽다보면 아직은 낯설게만 다가오는 디지털 헬스케어가 환자의 질병을 치유하며 개인의 건강을 개선하는데 어떻게 이바지할 것인가에 대한 창조적 상상력의 실마리를 얻게 될 것이다. 라이프스타일기능의학회에서 같이 공부하며 봐온 노동훈 원장은 이 시대 최고의 건강인문학적 지식노마드이다.

_서울ND의원 원장 / 의학박사 / 유튜브 박민수 박사 채널 운영자, 박민수

코로나 19는 변화를 강요하고, 새로운 시대를 준비하도록 요구합니다. 2007년 1월에 스티브 잡스(Steve Jobs)의 스마트폰(Smart-Phone) 혁명은, 모든 사람의 손에 통신, 영상, TV, 전화, 인터넷, 컴퓨터가 결합 된 슈퍼컴퓨터를 들고 다니는 시대로 만들었습니다. 이로써 4차 산업혁명의 시대가 시작된 혁명의 전환점입니다. 그리고 2020년 코로나 19로 더이상 환자와 의사가 직접 대면으로 진료, 치료, 건강을 확인하던 시대에서 비대면 시대로 넘어가야만 하는 운명을 맞게 되었습니다. 그 동안 의료분야 및 의료체계는 4차 산업혁명에서 가장 소외받는 분야였습니다. 의료분야는 특수성을 인정받으며 어쩌면 유일하게 대면 진료만이 합법적이었던 분야였습니다. 하지만, 이제 코로나 19의 등장과 코로나보다 10배 더 전염성 높은 바이러스 등장 가능성 등으로 비대면 디지털 헬스케어(UnTect Digital Health Care)의 시대로 변화는 지극히 당연한 것입니다. 디지털 헬스케어에 대해서 의사가 아닌 공학자, 애널리스트, 교수 등에 의해서 일부 서적이 출간된 것은 있지만, 이 책의 저자인 전문의 노동훈 원장님처럼 전문 의사가 의료 현장서 느끼는 필요성과 경험을 바탕으로 비대면 디지털 헬스케어(UnTect Digital Health Care)에 대하여 서술한 책은 거의 최초라고 생각합니다. 노동훈 원장은 직접 병원을 운영하고, 매일 환자와 만나고 계시면서, 무엇보다 대학에서 공학을 공부하고, 다시 의학대학을 입학해 전문의 자격을 취득한 전문의료원이고, 현재는 동신대학교 에너지융합대학 에너지공학과 대학원에서 디지털 헬스케어로 넥스트 코로나(Next Covid19) 이후 본격적으로 펼쳐지는 4차 산업혁명 시대에 비대면 디지털 의료의 미래를 새롭게 준비하시는 디지털 의료 분야의 최고의 전문가 이십니다. 이 책을 통하여 비대면 디지털 헬스케어(UnTect Digital Health Care)에 대해 전문 의사가 보는 특별한 미래를 미리 경험하게 될 것입니다. 앞으로 이 분야에서 가장 독보적인 존재로 여러분은 자주 TV, 라디오, 인터넷, 유튜브 등 언론을 통하여 노동훈 원장님을 만나게 될 것은 확신합니다.

_동신대학교 전기제어 교수 공학박사/변리사, 배진용

4차 산업과 의료는 밀접한 관계가 있다. 노인의료를 담당하는 요양병원의 경우도 4차산업의 중요성이 더 강조되고 있다. 요양병원에서의 헬스케어의 도입은 케어서비스의 품질을 향상시키고 직원의 부담을 줄이는 것에 일차적인 의미가 있다. 특히 인공지능을 통해 케어의 위험을 예측하고 예방하는 부분의 역할은 정말 중요하다. 노동훈 원장은 요양병원을 운영하면서 항상 미래를 추구하는 학자형이자 노력형 원장이다. 현장의 문제점과 애로를 알고 이를 어떻게 접목할지에 대한 미래 방향을 던져주고 있어 어떤 책보다 우리의 현실에 와 닿는다.

_대한요양병원협회장, 손덕현

코로나사태는 인류에게 큰 고통을 주고 불편을 끼치고 있지만 디지털 라이제이션 협업 의료와 바이오산업 등 신문명 신기술 발전을 가속화시키고 있습니다. 위기가 기회라는 말이 실감나는 현상입니다. 특히 의료분야는 AI와 로봇기술이 혁명처럼 다가오고 있습니다. 늘 참신한 아이디어와 뜨거운 열정 그리고 따뜻한 인간미로 미래에 도전해온 노동훈원장의 진단과 대안이 담긴 이 책은 우리에게 희망이고 축복이라고 생각합니다.

_한국협업진흥협회 회장 /전 중앙공무원교육원장, 윤은기

노동훈원장은 휴넷과 경기북부상공회의소에서 강의할 때 만난 인연으로 계속 교류해 오고 있다. 의사로서 정말 열심히 공부하며 최신 트랜드를 익히고 고객가치를 위하여 노력하고 있다.

4차 산업혁명 디지털 헬스케어의 발전 또한 새로운 국면을 맞이하고 있다. 의사로서 현장에서 체감하는 앞으로의 디지털헬스케어 진화에 대한 통찰력을 이 책에서 읽을 수 있다. 의료계 종사자 뿐아니라 미래 기술 변화에 관심있는 모든 이에게 일독을 권한다.

_전 옥션대표이사 / 사단법인 도전과나눔 이사장, 이금룡

세상을 살며 노력하고 남을 배려하는 삶을 살아가는 사람이 몇이나 될까, 곰곰이 생각해봅니다. 특히 자기 분야에 열정을 갖고 사회적 약자를 위해 나눔을 실천하는 멋진 사람. 노동훈원장이 아닐까 생각합니다.

_의정부상공회의소 지회장, 이상훈

사랑하는 노동훈 아우님!

디지털로 수집되는 빅데이터 기반의 4차산업 혁명 시대에 발맞추어 새롭게 헬스케어를 디지털로 접목하여 국민 건강과 행복한 삶을 제공하고자 애쓰시는 노동훈 원장을 통해 100세 시대 전 국민에게 건강 메시지를 전달하는 새로운 계기가 되기를 바랍니다.원격

진료와 수술이 구현되는 초연결시대, 이를 가능하게 하는 통신업계에 몸 담아온 저는 디지털헬스케어를 뜨겁게 응원합니다. 환경 변화속에 신종바이러스등 새로운 질병이 발생하는 요즘 디지털 헬스케어는 독자분들의 건강을 돕는 필독서가 되리라 생각합니다.

_경기북부 상공회의소 회장 / ACT 대표이사, 이용걸

노동훈 원장은 저를 늘 놀라게 하는 분입니다

우선 가장 열정적인 요양병원 원장으로 존엄케어와 의료의 과학화를 온 힘을 다해서 추진하는 리더임에 놀라고, 세상의 변화 트렌드를 가장 빠르게 습득하고 몸소 실행하는 학습자이자 현장 실천가임에 놀랍니다.그래서 오히려 이런 노동훈 원장이 의료계의 첨단 트렌드인 디지털 헬스케어에 집중하는 것은 당연한 귀결이라고 생각합니다. 현직 의료인이 현장의 경험과 미래 트렌드에 대한 통찰을 바탕으로 펼쳐질 내용이 한껏 기대가 되고 응원합니다.

_수원하이텍 고등학교 교장, 이의근

노동훈 원장과의 인연은 휴넷 행복경영대학에서 였습니다. 강의 중 노트북으로 타이핑하는 원우가 있었고, 얼마 후 휴넷 관계자를 통해 내가 강의한 것을 정리했으니 검토를 요청한다는 연락을 받았습니다. 읽어보니 2군 데만 수정하면 될 것 같았습니다. 다음 기수 강의에도 참석해 노트북으로 기록하는 것을 봤습니다. 처음엔 무엇을 하는 사람인가 싶었는데, 의정부에서 요양병원을 한다고 들었습니다. 나의 책 '진심을 팝니다'가 나왔는데, 내 책을 읽고 쓴 서평을 보내왔고, 학구열이 대단하다고 생각했습니다.

디지털 헬스케어는 4차 산업혁명으로 모든 것이 변하는 시대에, 의료에도 변화의 바람이 부는 것을 쉽게 알려주는 책입니다. 인공지능에 직업이 대체될지 염려되는 직장인과, 어떤 직업을 선택하는 것이 좋을지 고민하는 학생, 인공지능 시대를 어떻게 살아가야 할지 고민하는 모든 분들이 읽고, 각자에 맞는 해답을 찾으면 좋겠습니다. 우리 사회는 혁신을 만든 사람으로 발전해 왔습니다. 앞으로도 꾸준히 노력해주길 바라며, 좋은 책 쓰느라 수고했다는 격려의 박수를 보냅니다.

_전 오비맥주 부회장 / 진심을 팝니다 저자, 장인수

내가 아는 한 노동훈 원장처럼 열심히 공부하는 분을 찾기가 어렵습니다. 특히나 공부한 내용을 꼼꼼히 정리해서 나누려는 마음과 활동은 모든 이의 존경심을 불러일으키기에 충분합니다.인공지능, 빅 데이터, 클라우드, IOT로 대변되는 디지털 트랜스포메이션이 모든 산업과 모든 사람의 운명을 가를 것이라는 것은 명약관화한 사실입니다. 의료계도 예외가 아닐 것입니다. 노동훈 원장이 의료계에 대한 크나 큰 애정을 담아, 그간 치열한 학습과 더불어 의료현장에서의 살아있는 경험을 엮어 쓴 디지털 헬쓰 케어 책은 오늘을 살아가는 모든 의료인들에게 큰 선물이 되리라 믿어 의심치 않습니다.

_ 휴넷 대표. 조영탁

생명체인 사람에게 없어서는 안 요소는 햇빛, 물, 공기다. 또한 날씨나 기후는 바로 햇빛, 물, 공기가 지구환경과 연계되어 나타나기에 사람의 건강에 매우 긴요한 정보다. 요즘은 기상, 기후 정보가 대부분 디지털화 되어 있다. 따라서 이러한 지구 환경 정보와 사람의 디지털 헬스 케어 정보가 접목 된다면 완성도 높은 진료가 이루어질 것이다. 이제 본격적인 디지털 헬스 케어 시대다.

_제 9대 기상청장. 조석준

블랙홀을 알고 있는가?

노동훈원장을 처음 만났을 때 블랙홀에 빠진 느낌을 받았다. 그가 말하는 스토리 속에서 도저히 빠져 나올 수 없었기 때문이다. 이번에 그가 들고 나온 이야기는 미래에 대한 이야기다. 보이지 않는 미래에서 보이는 미래로 인도할 것이다. 그 변화의 중심에 디지털 헬스케어가 있다.

_경리나라아카데미원장 / 세무법인청년들 세무사, 최정만

노동훈 원장은 서울대학교 생활과학대학 AWASB 4기 사무총장을 지냈고, 원우님들과 관계를 잘 맺는 등 노력하는 모습을 봤습니다. 강의에도 충실히 임했고, 강의를 듣고 요약, 정리해서 사람들에게 지식을 나눴습니다. 그런 노동훈 원장이 4차 산업혁명 시대에 디지털 헬스케어란 책으로, 발달된 기술이 의료를 바꿔, 행복한 건강 100세 시대를 만드는데 일조하니 교수로서 뿌듯합니다. 제가 알기로, 의사 중에서 디지털 헬스케어를 다룬 거의 최초라 생각이 들며, 충실한 내용으로 일독을 권합니다.

_ 서울대학교 생활과학대학 웰에이징시니어산업 최고위과정 주임교수. 한경혜

2년 전 인간개발연구원 조찬포럼에 가장 일찍 도착해서 초롱초롱 눈망울로 강의를 듣고, 노트북에 열심히 메모하여 강의를 요약하여 정리하는 젊은 경영자가 있었다. 나중에 알고 보니 의사였다. 그 젊은 의사 선생님은 새벽 6시 30분 강의장에 도착하여 강

연을 듣고, 매일 각종 경제신문에 줄을 쳐가면서 정성을 다하고 있었다. 꼭 한번 그가 근무하는 현장을 직접 찾아 보고 싶었다.

지난 11월 초 의정부에 소재한 요양병원을 방문해 그의 본 모습을 좀 더 확연히 알 수 있었다. 요양병원을 개원한 후 6, 7년간 고생 고생하며 현장에서 배운 인간에 대한 지식과 수많은 강연과 독서를 통해 배운 지혜를 총동원하며 진심을 팔아 직원들과 소통하고 있는 현장을 보았다. 또한 요양병원에 값비싼 각종 헬스케어를 구입하여 환자들을 위해 활용하는 모습에 감동을 받고 왔었다.

젊은 청년 기업가들이 대학을 졸업하고 나서 취업을 하면 더 이상의 공부에 손을 놓고, 친교라는 네트워크에만 매달리는 세태에 걱정이 많던 나에게 노동훈 원장은 한 병원의 원장을 넘어 미래 세대를 책임지는 젊은 청년 기업가들에게 모범 모델이 될 것임을 확인시켜 주었다. 그러한 공부하고 진심을 갖춘 의사, 경영자가 출간하는 도서는 한국의 미래 헬스케어산업이 더욱 발전할 수 있도록 기여하리라고 확신한다.

_인간개발연구원 원장, 한영섭

| 목차 |

1장_ 디지털 헬스케어란 무엇인가

2장_ 디지털 헬스케어의 과거 현재

3장_ 주목받는 K-디지털 헬스케어의 분야

4장_ 디지털 헬스케어 업체별 대응전략

　　7살 아들 손민이와 키즈카페를 다녀왔다. 그 사이 스타벅스에 앉아 아메리카노를 마시며 책을 본다. 2시간 정도 지나 데리러 가면 손민이는 친구들과 신나게 뛰어 다니고 있다. 집에 가야할 시간이라 말하면 아쉬움 가득한 얼굴로 따라 나선다. 외할머니 집으로 가서 씻고 밥을 먹는다. 손민이가 아기였을 때는 TV에서 '타요'와 '뽀로로'를 봤었고 유튜브를 알게된 후로는 하루 종일 '탁주쪼코'만 봤다. 한글을 익힌 손민이는 태블릿 PC로 스스로 검색해서 유튜브를 본다. 유치원과 태권도를 다니더니 '브롤 스타즈'란 게임을 한다.

아들과 대화거리를 만드려 나도 브롤 스타즈를 한다. 당연히 손민이가 더 잘한다. 옆에서 지켜보는 손민이는 내 손에서 스마트폰을 뺏어 자신이 대신한다. 그리고 승리했다고 기뻐한다. '아빠가 어렸을 때는 태블릿 PC가 없어 오락실에서 전자오락을 했다'라고 하면 손민이는 어리둥절한 표정을 짓는다. 기성세대와 달리 현재 10세 미만의 아동은 스마트폰과 유튜브를 당연한 것으로 생각한다.

며칠 전, 아들과 함께하는 시간이 부족해 영상을 찍어 '노손민 TV'에 올렸다. '아빠, 노손민TV 조회수는 몇 개야. 구독자는 몇 명이야. 구독자가 많으면 좋겠다'는 말을 한다. 아들을 살살 꼬드긴다. '손민이가 영상 찍는데 협조해야 사람들이 노손민TV를 많이 보지'라고 하자 협조를 한다. 아이들도 눈높이에 맞춰 대화를 하면 납득한다. 어린 시절, 방송을 할 수 있는 방송사와 언론은 대단한 존재였다. 2021년 현재는 무수히 많은 1인 크리에이터가 활동한다.

이런 변화의 바탕에 스마트폰으로 대표되는 아이폰이 있다. 10년 전인 2010년 KT 이석채 사장은 아이폰을 도입했다. 삼성 애니콜과 엘지의 초콜릿 폰이 잘 팔리는 상황이었으므로 삼성과 엘지 휴대폰 사업부는 난리가 났다. 갑자기 외부의 강력한 경쟁자가 나타난 것이다. 삼성의 갤럭시는 성공적으로 안착했고 세계 스마트폰 시장의 수위를 달리고 있다. 현재 대한민국의 스마트폰 보급률은 90%에 육박한다. 10년도 안 되는 짧은 시간에 이뤄진 일이다.

4차 산업혁명이라 불리는 현재 스마트폰, 인공지능(AI), 사물인터넷(IoT), 빅데이터, 클라우드 컴퓨터, 3D 프린터 등 새 기술이 우리 삶을 혁신적으로 바꾸고 산업 생태계를 휘젓고 있다. 카카오톡의 시가 총액이 20조 원이며 전문 자동차 생산기업이 아닌 테슬라는 전 세계 6대 자동차 메이커의 시가 총액과 같은 규모다. 과거엔 상상할 수 없는 일이 현실이 된다. 이런 바탕에 디지털 기술이 있다.

디지털 기술이 산업 지형과 우리 삶을 바꿨다. 의료 시장은 어떨까. 의료는 환자의 몸과 마음에 직접 영향을 준다. 의료 시장 진입도 어렵고 식품의약품안전처 등의 규제도 겹겹이 있다. 변화 속도가 느린 곳이다. 그리고 의료 공급자와 소비자는 변화를 체감하지 못한다. 미국의 디지털 헬스케어 스타트업은 급성장 중이다. 심지어 유니콘 기업(기업 가치가 10억 달러 이상인 스타트업)도 2019년 기준, 38개가 있다.

디지털 헬스케어는 스마트폰과 웨어러블 등 IT 기기로 혈압, 혈당, 심박 수, 체온, 산소 포화도, 심전도, 뇌파, 감정, 피부 전기활동성 등 다양한 정보를 수집, 축적, 가공해 개인 맞춤 건강관리를 가능케 한다. 여기엔 인공지능(AI), 사물인터넷(IOT), 클라우드 컴퓨터, 빅데이터가 필요하다. 일상에서 수집된 정보는 병원의 정보보다 방대하며 평소 개인의 건강 상태를 정확히 반영한다. 이렇게 모아진 데이터를 헬스케어 플랫폼으로 '통합'하고, 취합된 데이터를 '분석', 가공해서 새로운 '치료'가 가능해진다. 디지털 기술로 맞춤의료, 예방의료, 예측의료가 가능하다.

세계 디지털 헬스케어 시장과 분리된 한국 현실은 걸음마 수준이다. 다양한 이유가 존재하는데 한국만의 의료 시스템, 낮은 수가, 상대적으로 작은 시장 규모, 다양한 규제 등이 이유다. 그래서 2018년 KGMP 연구에 따르면 세계 100대 디지털 헬스케어 스타트업이 한국에 오면 63개는 규제로 사업이 불가능하거나 상당한 제약을 받게 된다.

세계의 흐름을 모르는 한국의 디지털 헬스케어 시장은 어떻게 될까. 구한말의 기술력과 무기로 무장한 서구 세력이 강제로 개항을 요구했다. 디지털 헬스케어도 외국과 기술 격차가 발생한 후 외국 기업이 강제로 개항을 시도하지 않을까. 아픈 역사를 반복하지 않으려면 지금부터 준비하고 다양한 사람이 토론하며 방법을 찾아 자생력을 길러야 한다.

스마트폰이 90% 보급되고 일상생활이 되는데 불과 5년이 걸리지 않았다. 디지털 헬스케어 시장도 그렇다. 부지불식간에 그렇게 될 것이다. 구한말의 사례는 우리에게 시사점을 준다. 스스로 실력을 기르지 않고 문을 닫으면 결국 외세의 침탈을 허락하게 된다. 나는 디지털 헬스케어 시장에서 같은 일이 발생하지 않기를 바라는 마음으로 책을 썼다. 멀지 않은 미래, 저비용 고효율로 우리 건강을 개선해줄 디지털 헬스케어. 먼저 알고 있으면 세상살이가 수월해질 것이다. 의사이지만 역사와 철학, 과학기술에 관심이 있어 역사적 사례를 통해 세상의 변화를 살피고 변화에 대응하는 사람과 그렇지 못한 사례를 실었다.

내 생각이 독자에게 도움이 되기를 바란다.

진짜 의사가 알려주는
디지털 헬스케어의 미래

2010년, 시장에 처음 선보인 스마트폰은 고가의 가격으로 대중들에게는 아직 보급되지 않았고 대기업은 임원에게 스마트폰 보조금을 주며 사용을 권했다. 이후 사람들은 애플 아이폰에 열광했고 삼성과 LG도 후발주자로 시장에 참여했다. 나는 2016년 고령자를 대상으로 한 카카오톡 이모티콘 사용법 교육을 경험했다. 고령자에게 가장 늦게 스마트폰이 보급된다고 보면 5년 정도가 지난 후 스마트폰이 전 연령층에 보급된 것이다. 2021년 현재 스마트폰은 필수품이다.

디지털 헬스케어도 그렇다. 의료 시장 규제로 걸음마 단계지만 수

년 내 익숙하게 될 것이다. 스마트폰, 스마트 워치, 웨어러블 기기와 전기 자동차 등으로 개인의 활동량, 심박 수, 체온, 산소 포화도, 심전도, 호흡, 혈압, 혈당, 뇌파, 감정, 자세, 피부 전기 활동성, 복약 여부, 생리까지 다양한 정보를 수집, 축적, 가공해 개인 맞춤 건강 관리가 가능해질 것이다. 미래 의료는 우리가 알아차리기 전, 이미 다가와 있다.

4차 산업혁명(정보통신과 기술의 융합)으로 불리는 스마트폰과 빅데이터, 인공지능(AI), 사물인터넷(IOT), 클라우드 컴퓨터, 3D 프린터 등은 우리 삶을 바꿨다. 의료 분야도 다양한 시도가 이뤄진다. 스마트폰과 웨어러블 디바이스, 개인 유전정보 분석 등 과거엔 측정할 수 없었던 정보가 모인다. 일상 생활에서 수집된 정보는 병원에서 측정하는 정보보다 방대하며 평소 개인의 건강 상태를 정확히 반영한다. 이렇게 모아진 데이터를 헬스케어 플랫폼으로 '통합'하고 취합된 데이터를 '분석', 가공해서 새로운 '치료'가 가능해진다.

디지털 헬스케어는 맞춤의료, 예방의료, 예측의료를 가능하게 한다. 2020년 현재 60세는 청년이고, 80세 정도는 되어야 노인 대접을 받을 수 있다. 이는 건강에 대한 인식 개선과 의학 기술의 발전 덕분이다. 새롭게 펼쳐질 디지털 헬스케어는 건강한 장수, 건강한 행복을 추구하며 의료 소비자 스스로 건강을 관리할 수 있다. 스마트폰 보급에 4, 5년이 걸린 것처럼 디지털 헬스케어도 실현될 것이다. 미리 알고 준비하면 건강한 삶을 오래 유지할 것이다.

나는 2000년대 의과대학을 졸업하고 요양병원을 운영하며 새롭게 바뀌는 헬스케어 시장에 관심이 많다. 디지털 기술이 우리 삶을 바꾸는 것처럼 건강관리에 도움을 주어 행복한 장수를 가능하게 할 것이다. 아직은 생소하고 낯선 디지털 헬스케어. 부담감 없이 처음부터 차근차근 살펴보면 책장을 덮는 순간 인사이트가 생길 것이다. 의료의 새로운 미래 디지털 헬스케어에 약간의 도움이라도 되었으면 하는 바람을 가져본다.

디지털헬스케어 원년인 2021년 1월
카네이션 요양병원 병원장실에서

1장

디지털
헬스케어란
무엇인가

정말 디지털 헬스케어가
가능하기는 한 걸까?

어느 날 지인의 손목에서 시간을 알리는 소리가 들렸다. 애플의 스마트 워치였다. 애플워치는 패셔너블한 시계이면서 전화 통화, 카카오톡 확인, 운동과 헬스케어 기능이 있다. 2018년 9월 출시된 애플워치4는 미국 식품의약품 안전국(FDA)에서 의료기기 승인을 받은 심전도, 부정맥 측정 기능이 있다. 애플은 컴퓨터 제조사에서 MP3플레이어, 스마트폰과 태블릿PC를 넘어 의료기기 회사가 되었다. 적잖은 충격이었다. 소리 없이 IT 기술을 활용한 디지털 헬스케어가 우리 곁에 와 있었던 것이다.

'디지털 헬스케어' 아직은 익숙하지 않은 용어로 디지털 기술, 스마트 기술과 헬스케어(건강관리)의 접목을 말한다. 즉, 디지털 기기를 활용해 건강 관리를 도와주는 것이다. 그동안 디지털은 건강과 반대 개념으로 생각되었다. 현대 만성 질환 대부분이 디지털 기기로 신체 활동량은 줄고 디지털 기기 과다 사용으로 발생했다고 생각했다. 디지털 헬스케어는 이런 편견을 깨고 디지털 기술을 활용해 건강 관리를 편리하고 스마트하게 하면서 비용을 낮추도록 돕는다.

서양의학의 선구자 히포크라테스는 이렇게 말했다. "현명한 자는 건강을 축복으로 여기고, 아플 땐 병으로부터 혜택을 얻을 방법을 배운다" 건강한 생활습관과 면역이 화두에 오르면서 사람들은 수시로 자신의 건강상태를 확인하고 싶은 욕구가 생겼고 이를 가속화시킨 것이 코로나19다. 2020년 2월과 6월의 대유행을 겪으며 사람들은 감염에 신경 썼고 마스크를 착용하지 않고 외출하면 따가운 눈총을 받게 되었다. 코로나19로 사람들은 감염병 예방을 배웠다.

우리는 건강하고 행복한 삶을 추구한다. 행복의 바탕은 건강이다. 그러나 현실에서 개인 주치의는 불가능하다. 디지털 헬스케어는 스마트폰, 스마트워치, 웨어러블 디바이스, 전기자동차 등으로 개인 건강 정보를 수집하고 클라우드 컴퓨터 기술 등으로 건강 관련 데이터를 통합하고 통합된 빅데이터를 인공지능 등으로 분석해 개인 맞춤 의료, 예방 의료, 예측 의료를 가능하게 한다. 디지털 헬스케어는 맞춤 주치의처럼 체계적 건강관리를 돕는다.

특히 당뇨나 우울증 같은 만성 질환의 경우 특정한 날 병원을 방문해 측정하는 것보다 일상생활에서 지속적으로 측정하고 관리하는 것이 효과적이다. 미국 당뇨학회 가이드라인에서 '생활습관 변화를 통한 체중 감량 및 당뇨병 발생 위험 예방'을 언급했다. 이후 인터넷과 원격 교육 그리고 모바일 앱과 같은 도구를 활용해 생활습관 변화를 유도하면 당뇨를 예방할 수 있다고 했다. 디지털 헬스케어는 건강과 질병 상태를 파악하고 건강한 상태에 머무르게 한다.

당뇨 관리에 디지털 헬스케어를 적용하도록 가이드라인이 언급되었다. 이는 당뇨병 예방 및 관리에 온라인 치료 방법도 가능하다는 것을 입증하며, 표준 치료로 편입되었음을 의미한다. 초기 단계지만 디지털 헬스케어의 변화와 가능성이 느껴진다. 당뇨 외에도 정신분열병(조현병)은 약물 부작용인 체중 증가와 악화 방지로 디지털 헬스케어 기술 도입을 고려하고 있다.

당뇨, 고혈압, 우울증 등의 만성 질환자는 스마트폰으로 건강 상태를 알 수 있다.[1] 의사도 디지털 헬스케어로 건강 관리가 가능함을 알아야 한다. 의사들이 디지털 헬스케어를 알아야 적절하게 처방하고 환자의 추적 관리를 통해 효과를 평가할 수 있음에도, 나는 아직까지 의과대학 정규 교육과정에 디지털 헬스케어 수업이 있다는 것을 듣지 못했다. 디지털 헬스케어는 새로운 IT 기술을 활용해 개별 맞춤의료, 예방의료, 예측의료를 할 수 있다.

웨어러블 디바이스(입거나 몸에 착용하는 기기)는 피부에 접촉 또는 인체에 삽입할 수 있다. 웨어러블의 지속성으로 신체 데이터를 연속, 정량적으로 측정하며 실시간으로 기록된다. 병원에서 단발성으로 얻은 데이터와 일상 속 데이터 중 무엇이 더 정확할지는 자명하다. 기존에는 방대한 데이터를 처리할 수 없었는데 클라우드를 활용한 빅데이터 활용과 인공지능으로 가능하다.

웨어러블 디바이스로 기본 활동량, 칼로리 소모 등을 계산

---

1) 2020년 상반기 중 발표된 미국 정신과학회의
   조현병 치료 가이드라인의 초안에 포함됨

할 수 있고, 체온, 심박 수, 심전도, 산소포화도, 혈압, 혈당, 호흡수, 뇌파, 감정, 자세, 발작, 피부 전기활동성 등 다양한 데이터를 측정할 수 있다. 향후 웨어러블 디바이스 기술과 서비스가 발전하면 사람들이 활용하는 웨어러블 디바이스는 증가할 것이다. 현재 미국 식품의약품안전국(FDA) 승인으로 정확성과 안전성 검증 후 의료용 승인을 받은 웨어러블도 등장하고 있다.

출처: fitbit

핏빗은 손목시계 형태로 피부전기활동(EDA)센서와 고(高)심박 수 및 저(低)심박수 알림, 피부 온도 센서 등으로 활동량, 운동, 수면 및 스트레스를 측정 관리하여 건강 생활을 위한 동기를 부여한다. 당연히 스마트폰과 연동되어 있다. 웨어러블의 최대 단점은 지속사용성이 낮다는 것이다. 엔더버 파트너스(Endeavour Partners, 미국 컨설팅 회사)의 조사 결과 수천 명의 미국인을 대상으로 웨어러블 사용자를 추적 관찰하니 최초 6개월에 가파른 감소를 보이며 15개월에 절반 정도의 사용자만 남았다.

웨어러블의 문제가 지속사용성이라면 어떻게 해결해야 할까. 핏빗은 '활성 사용자(active user)'란 개념을 만들었다. 판매되고 등록된 기기 중 3개월 동안 핏빗의 활동량 측정계나 스마트 체중계를 핏빗 계정에 연동한 사람, 최근 3개월 동안 핏빗에 100걸음 이상 기록하거나 스마트 체중계로 체중을 측정한 사람 등의 조건을 만족하면 활성 사용자라 한다. 느슨한 조건임에도 활성 사용자는 매년 감소하고 있다.

얼마전 출간된 최윤섭 작가는 자신의 책 〈디지털 헬스케어, 의료의 미래〉에서 헬스케어 웨어러블의 딜레마를 설명한다. 결국 지속 사용성과 사용자 효용이다. 나도 도정국 동신대 교수에게 갤럭시 워치를 선물 받았는데 책을 쓰는 중 손목시계의 불편함으로 착용하지 않고 있다. 갤럭시 워치를 착용하면 데일리 브리핑과 다양한 헬스 트레킹, 전화 통화, 뮤직, 티머니 등 다양한 기능이 있지만 시간이 지나면 다수의 사람이 사용을 줄인다.

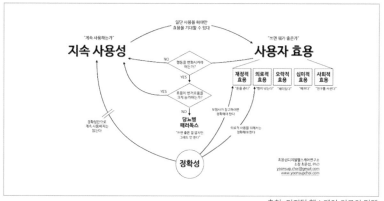

출처: 디지털 헬스케어 의료의 미래

시선을 멀리 둔다면 웨어러블 시장은 낙관적이다. 그러나 현재 웨어러블 시장은 죽음의 계곡(기술 개발에 성공해도 사업화에 이르기까지 어려움)을 지나고 있다. 이 문제를 풀려면 효용성을 높여야 한다. 질병예방과 치료, 금전적 인센티브, 사용하는 재미, 착용했을 때 주변의 시선 등 사용자 효용성이 있으면 계속 쓰게 된다. 바쁜 아침의 출근길에 스마트폰과 지갑을 놓고 왔다면 대부분 가지러 가지만, 스마트 워치는 그럴 비율이 낮을 것이다.

지속 사용성을 높이기 위해 일상 생활에 스며드는 방법이 있다. 스마트 벨트, 목걸이, 반지, 신발, 자동차, 침대 매트리스 등 일상의 동일한 상황에서 장시간, 반복적으로 데이터를 측정할 수 있다면 가능하다. 즉 '매일', '같은 조건에서', '오랫동안' 데이터를 측정하면 의학적 가치를 가질 수 있다. 효용성과 지속사용성의 문제는 웨어러블이 디지털 헬스케어 시장에 안착하기 위해 반드시 풀어야 할 문제다.

2018년 애플워치4는 심전도, 부정맥 측정 및 낙상 감지 기능을 추가했다. FDA의 의료기기 승인까지 받은 애플워치4는 용두(태엽 꼭지)를 활용해 심전도를 측정한다. 사용자는 애플워치로 심방 세동(심장이 동시에 불규칙적으로 수축〈300~600회/분〉하는 빠른 파형) 여부를 감지하고, 결과를 의사와 공유할 수 있다. 미국에서 애플워치의 측정으로 심방 세동의 위험을 감지하여 조기에 응급실에서 치료 받은 사례가 있다.

동국대학교 일산병원 오상우 교수에 따르면, "심방세동 환자는 다른 환자들에 비해 5배 이상 뇌졸중이 더 발생하며, 의학의 발달로 상당 부분 예방이 가능하다. 하지만 전체 환자의 13%는 진단되지 않은 것이 문제다"라고 했다. 즉, 애플워치와 같은 웨어러블 기기로 건강상태를 빠르고 지속적으로 확인해 예방할 수 있다.

웨어러블 디바이스, 사물인터넷, 스마트폰 등 기술 발달로 사람의 건강 상태를 파악할 수 있는 데이터의 양이 늘어났고 통신, 클라우드 기술의 발전으로 데이터를 저장, 수집, 통합하여 활용할 수 있다. 그리고 빅데이터를 인공지능을 활용해 분석하고 개별 맞춤의료에 활용할 수 있다. 과거의 환자정보는 병원에서만 수집, 보관, 활용했지만, 기술의 발전으로 일상생활의 다양한 정보를 수집, 통합, 분석할 수 있게 된 것이다.

디지털 헬스케어는 예방의료, 예측의료, 맞춤의료를 가능하게 한다. 개인의 건강과 질병에 관한 다차원적인 데이터를 지속적으로 수집, 통합, 분석해야 한다. 인공지능은 디지털 헬스케어의 핵심 기술 중 하나다. 숙련된 심장내과 전문의는 병원에서 수집한 자료로 부정맥을 진단하지만, 웨어러블을 포함한 디지털 기술의 도움으로 훨씬 더 정확하게 진단할 수 있다.

시장조사기관 유니브데이토스 마켓 인사이츠(UMI)가 인공지능 기반 의료산업 성장률을 전망하는 보고서를 발표했다. 2025년에는 인공지능 헬스케어가 전 세계적으로 41% 성장, 약 265억 달러(약 29조 9100억 원)의 시장가치를 창출할 것으로 예측했다. 인공지능을 중심으로 의료계가 큰 혁신으로 성장할 것이란 조사 결과다.

디지털 헬스케어의 가장 큰 혜택을 받을 계층은 중장년층부터 고령층일 것이다. 디지털 헬스케어로 건강을 관리하면 미국의 경우 연간 450억 달러(약 50조 7,300억 원)의 비용 절감이 예상된다. 보험재정 지출 증가로 고민하는 각국 정부와 보험사는 디지털 헬스케어에 관심을 가질 수밖에 없다. 이런 관심은 디지털 헬스케어의 혁신에 박차를 가할 것이며, 디지털 헬스케어는 우리의 일상에 널리 도입될 것이다.

내가 일하는 요양병원은 어떨까. 침대마다 수면의 질을 측정하는 센서(수면센서, 베딧)가 있고, 코골이와 뒤척임 등을 측정(슬립 사이클)한다. 리프 헬스케어(Leaf Healthcare)의 센서를 가슴에 부착하면 사용자의 자세를 알려줘 환자의 체위를 변경해 욕창을 방지할 것이다. 디프리(D Free)를 환자의 배에 부착하면 배변 신호를 알려준다. 간병인은 배변을 확인하고 기저귀를 갈 것이다. 요양병원의 저수가(포괄수가제)로 당장 도입은 어렵겠지만, 곧 비용이 낮아질 것라 확신한다.

치료 영역에 속하는 디지털 헬스케어 회사는 애플리케이션 기반 치료에서 의료 공급자로 영역을 확장하고 있다. 다이어트 앱 '눔(noom)'은 애플리케이션 기반 체중 감량 프로그램으로 시작했지만, 사람 코치가 결합된 상품을 개발했다. 미국 질병관리 본부의 당뇨 예방 프로그램 인증에서 사람 코치가 결합될 때 체중 감량이 잘 되고 효과가 더 오래 유지된다는 것을 깨닫게 된 이후 사람 코치에 기반을 둔 제품만 서비스한다.

'오마다'는 처음부터 미국 질병관리 본부의 요구에 맞춰 사람 코치가 결합된 프로그램을 제공했다. 오마다의 모든 코치는 라이프스타일 코치 과정을 이수하며 오마다가 제2형 당뇨 시장으로 진출하면서 코치를 대상으로 공인 당뇨 교육사 과정을 개설했다. 이처럼 오마다는 디지털 헬스케어 기술이 진출하는 모든 영역에서 사람이 결합된 서비스를 제공하고 있다.

구글에 디지털 헬스케어를 검색하니 약 17,100,000개의 정보가 검색된다. 그러나 국내의 디지털 헬스케어 준비사항은 미비한 걸음마 단계다. 그 이유는 한국 의료 시스템과 저수가, 높은 의료 규제 그리고 이해 관계자의 입장 차이다. 단일 의료보험 체계와 원가의 85% 수준인 의료 수가에서 새로운 의료 기술의 도입이 어렵다. 원격 진료도 의사의 반대를 풀기 어렵고 의약품 배송 사업도 약사의 반대로 사업을 접어야 했다. 유전자 정보 분석도 불법 요소가 많다.

해외의 디지털 헬스케어 유니콘 기업(기업 가치가 10억 달러 이상인 스타트업 기업)이 국내로 오면 규제로 사업이 불가능하거나 상당한 제약을 받는 사례가 대부분이다. 국내에서도 디지털 헬스케어 관련 기업의 움직임이 보인다. 그러나 그들이 현실적인 제약을 뚫고 디지털 헬스케어 시장에 안착할 수 있을지는 미지수다. 해외 디지털 헬스케어 시장은 날개를 달고 성장하는데 국내는 걸음마 수준이니 격차는 더욱 벌어진다. 디지털 기술과 의료의 융합으로 관련 산업이 큰 변화를 겪으며 혁신을 거듭하고 있다. 이 문제에 관심을 갖는 사람이 적다는 것이 더 큰 문제다. 이 책과 더불어 누군가 나서서 매듭을 지을 움직임이 가시화되고 있다는 것이 작은 위안으로 다가온다.

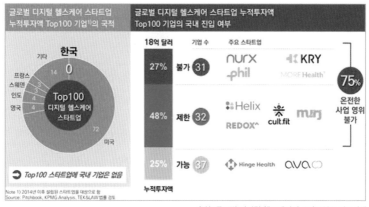

출처: 글로벌 디지털 헬스케어의 스타트업 누적투자액

4차 산업과 디지털헬스케어는 모두 말장난이다

이순신 장군은 임진왜란 당시 삼도수군통제사로 수군을 이끌어 연전연승을 거듭했다. 전쟁 장기화로 식량 공급이 어려워진 왜군은 호남의 곡창지대를 노릴 수 밖에 없었다. 육지에선 1차 진주 대첩으로 막았고 바닷길에선 이순신이 맹활약했다. 그래서 조선은 국난 극복의 발판을 마련했던 것이다. 이순신 장군의 전기(傳記)를 보면, 무과 시험(1572년) 장면이 나온다. 당시 무과시험은 말 타기, 활쏘기, 창던지기 등으로 구성되었고 말에서 떨어진 이순신은 기절하고 깨어보니 시험이 끝나 부러진 다리에 부목을 대고 귀가했다는 기록이 있다. 1911년 중국의 민주주의 혁명인 신해혁명 당시, 중국의 무과시험 과목은 말타기, 활쏘기, 창던지기였다. 그러니 서구 열강의 무력 앞에 나라를 침탈당할 수 밖에 없었다. 어찌보면 당연한 결과였다.

디지털 헬스케어 이야기에서 갑자기 역사 이야기를 꺼낸 것은 기술의 발전과 변화를 말하기 위함이다. 변화된 세상에 따라가지 못하면 낙오할 수 밖에 없는 것이 세상 이치다. 즉, 디지털 기술이 발전해서 세상의 많은 것이 바뀌었는데 과거의 것이 좋다고 변화를 거부하면 낙오할 수밖에 없다. "기존 사업을 과거와 같은 방식으로 지속하는 것은 앉아서 재난을 기다리는 것과 같다"는 말처럼, 4차 산업혁명의 시작으로 헬스케어 시장 역시 재빠른 변화를 일으키고 있다. 4차 산업 혁명에서 헬스케어는 빠지지 않는다. 전 세계적 헬스케어 혁신을 국가적 기회로 만들기 위해 단순한 기술 발전 뿐 아니라 혁신을 제대로 받아들일 수 있는 규제개혁, 사회적 합의, 인프라 등이 준비되어야 한다.

디지털 헬스케어란 용어는 한국에서 2012~2013년 무렵부터 사용되기 시작했다. '디지털 헬스케어'의 범위를 살펴보자. 우선 '헬스케어'의 상위 개념을 보면 질병의 진단, 치료, 관리 뿐 아니라 운동, 식습관, 체중 감량 등 일상적인 건강 관리를 모두 포함한다. 또한 헬스케어 안에는 의료의 범위도 어느 정도 포함되기 때문에 진단, 치료, 관리, 예방, 처방, 수술을 위해 전문 의료인이 반드시 필요하고 의약품과 의료기기 등 제품을 판매하기 위해서 식품의약품안전청(FDA) 같은 규제 기관의 인허가도 필요하다.

디지털 헬스케어는 디지털 기술에 해당하는 사물인터넷(Internet of Things⟨IoT⟩), 인공지능(artificial intelligence⟨A⟩), 3D 프린터, 가상현실(virtual reality⟨V⟩), 블록체인(Block Chain) 등

을 활용한 헬스케어를 말한다. 이런 혁신과 동시에 애플, 구글, 아마존, IBM 등 IT 공룡 업계에서 헬스케어 분야의 진출이 급진적으로 이뤄지고 있다. 이처럼 글로벌 IT 기업의 헬스케어 시장 진입은 기존의 병원, 제약회사, 의료기기 회사, 보험사 등과 제휴하거나 합작 회사를 설립하는 방식으로 활발히 움직이고 있다.

그러나 한국 디지털 헬스케어 시장은 아직 걸음마 단계에 머물러 있다. 2019년 기준 전 세계에는 이미 기업가치 10억 달러 이상의 유니콘 디지털 헬스케어 스타트업이 38개 존재하지만 한국에는 단 한 곳도 없다. 이런 이유는 한국의 특수한 의료 시스템과 저수가, 작은 시장 크기, 높은 의료 접근성 규제 등이 있다. 특히 한국의 의료 규제는 헬스케어의 혁신을 가로막는 대표적인 요인이다. 저수가와 포지티브 규제(법률 정책상으로 허용하는 것을 구체적으로 나열한 뒤, 나머지는 모두 금지하는 방식. 금지한 행위가 아니면 모든 것을 허용하는 네거티브 방식보다 규제 강도가 세다) 일변도 정책과, 병원과 정부, 보험사 등 이해관계자의 조율이 어려운 것도 일조한다.[2]

KPMG 인터내셔널 (144개국에 회원사를 둔, 세계적인 종합 회계·재무·자문 그룹)의 2018년 연구에서, 100대 글로벌 디지털 헬스케어 스타트업 중 63개 기업이 한국에서는 규제로 인해 사업이 아예 불가능하거나 상당한 제약을 받을 것이라 밝혔다. 2021년 현재 전 세계적으로 성공적인 글로벌 헬스케어 사례도 한국에선 불법에 해당한다. 디지털 기술의 융합으로 의료와 관련된 많은 산업이 큰 변화를 거치고 있는 가운데 한국의 특수한 규제로 동참하지 못하고 있음은 안타까울 따름이다. 마치 이순신의 1572년의 무과시험 과목이 300년이 지난 신해혁명(1911년)까지 지속된 것처럼, 세상의 변화를 따라가지 못

2) http://www.aitimes.com/news/articleView.html?idxno=133196
〈AI헬스케어, 2025년까지 전 세계 의료산업 30조 시장가치 창출〉

하는 아쉬움과 대한민국이 글로벌 시장에서 뒤처지는 염려가 있다.

또한 코로나19의 여파로 건강에 대한 관심이 더욱 높아지고 있다. 늘 몸에 소지하고 자신의 건강 상태를 언제 어디서나 체크할 수 있는 스마트 워치에 대한 관심도 자연스럽게 증가하고 있다. 2020년 출시된 애플 스마트워치는 마니아들 사이에 구매 열풍이 불 정도였다. 디자인과 성능에 반한 이들은 스마트 워치의 액티브 유저(활성 사용자, 웨어러블 기기를 활발하게 사용하는 고객)가 된다. 혈중 산소 포화도, 심박 수, 분당 호흡수, 스트레스 지수, 심전도, 혈압, 혈당 등을 실시간으로 측정해 방대한 데이터를 수집한다. 이런 정보는 클라우드 컴퓨터로 모이며 환자와 의사가 파악할 수 있다.

스마트폰 없이 출근하면 어딘가 개운하지 않은 경험이 있을 것이다. 디지털 헬스케어 핵심은 스마트폰이다. 2021년 현재 수준의 스마트폰은 1990년대 슈퍼컴퓨터 이상의 용량과 처리속도를 가진 컴퓨터이며 저장과 통신 기능, 그리고 수많은 센서를 가진 기기다. 스마트폰은 전 세계 70억대 이상 보급되었으며 전 세계의 변기 숫자보다 더 많다고 한다. 한국의 스마트폰 보급률은 94%로 세계 1위다. 스마트폰의 센서는 심박 센서, 지문 센서, 온도 센서, 습도 센서, 자기장 센서, 압력 센서, 자이로스코프 센서, 근접 센서, 조도 센서, 가속도 센서, 지자기 센서 등 계속 확장되고 있다. 스마트폰은 데이터를 측정, 통합, 전송할 수 있는 디지털 헬스케어 기기의 핵심 요소다.

스마트 워치는 '손목 위의 주치의'로 불린다. 스마트 워치는 패션 소품을 뛰어넘어 헬스케어 아이템으로 활용된다. 나날이 발전하는 스마트워치는 첨단 센서를 탑재해 생체 정보 수집에서 개인 비서로까지 진화한다. 내가 사용하는 스마트 워치는 1

시간 동안 앉아 있으면 활동을 권하는 알람이 온다. 운동을 시작하면 운동을 시작했다는 음성이 나오며 목표한 걸음수를 채우면 축하 메시지가 뜬다. 이처럼 스마트 워치는 몸 상태를 측정하는 기능 뿐 아니라 건강을 예측하고 관리하는 기능까지 추가된다.[3]

웨어러블 기기는 사용자와 주변 환경에 대한 데이터를 측정하고 스마트폰이나 다른 사물인터넷(IoT)을 기반으로 모든 사물을 연결하여 정보를 상호 소통하는 지능형 기술 및 서비스 기기의 활용을 편리하게 한다. 더 나아가 사용자의 각종 능력을 강화하는 목적으로 사용된다. 널리 알려진 시계 형태를 비롯해 안경, 머리 밴드, 목걸이, 벨트, 반지, 양말, 깔창, 복대, 안대, 브래지어, 문신, 반창고, 알약 등 다양한 종류의 웨어러블이 출시되어 있다.

이처럼 웨어러블 기기는 디지털 헬스케어의 구현에 중요한 역할을 한다. 하지만 현재 웨어러블 기기 시장은 암흑기(혹은 죽음의 계곡)를 겪고 있다. 헬스케어 시장의 특수성과 한계도 있지만 웨어러블 기기의 정확성을 신뢰하지 못하는 대중의 분위기와 기기 배터리의 짧은 수명, 의학적으로 검증되지 않은 기기, 가격이 비싸고 디자인이 떨어지는 등 여러 원인이 있다.

가장 큰 문제는 지속 사용성이 낮다는 점이다. 쉽게 말해, 웨어러블 기기 사용자들이 일정 시간이 지나면 사용하지 않게 된다는 것이다. 웨어러블 기기의 지속 사용성이 낮다는 것은 효용성에 치명적이다. 나도 출근길 스마트폰을 두고 왔다면, 번거로움을 무릅쓰고 다시 가져오지만 스마트 워치를 놓고 왔다면 그냥 출근한다. 이처럼 낮은 수치의 지속 사용성은 웨어러블을 포함한 헬스케어나 의료 전반의 근본적인 문제다. 예를 들어 눔(noom)같은 식

3) https://www.mk.co.kr/news/culture/view/2020/10/1104881/
〈디지털 치료제를 아시나요? 건강관리 넘어 치료까지 척척〉

단 기록을 통한 체중 감량과 당뇨 예방 목적의 애플리케이션에서도 사용자가 앱을 계속 사용해야 의도했던 효과를 얻을 수 있다.

웨어러블 업체인 핏빗은 활성 사용자 개념을 도입해 낮은 지속 사용성의 문제를 해결하려 한다. 웨어러블 업체 입장에서 모든 고객이 모든 부위에, 평생 착용하는 것이 최상의 시나리오다. 활성 사용자(active user)는 실제로 기기를 활발하게 사용하는 고객을 의미한다. 활성 사용자의 범주는 1. 최근 3개월 동안 핏빗의 활동량 측정계나 스마트 체중계를 핏빗 계정에 연동한 적이 있는 사용자, 2. 최근 3개월 동안 핏빗에 100걸음 이상 기록되거나 스마트 체중계로 체중을 측정한 적이 있는 사용자 3. 핏빗 프리미엄 등 부가 유료 서비스 사용자라는 조건 중 하나를 충족해야 한다.

핏빗의 활성 사용자 비율은 전체 구매 고객을 기준으로 매년 30~40%에 머물다 2016년에는 30%로 떨어졌다. 즉, 예전보다 더 많은 수의 사용자가 웨어러블 기기 사용을 그만둔다는 것이다. 이중 실제로 핏빗을 착용하는 12개월 이후의 활성 사용자는 10% 정도에 머무른다는 보고도 있다. 이처럼 웨어러블 기기의 낮은 지속 사용성으로 많은 업계들이 죽음의 계곡을 건너고 있고 일부는 사업을 그만두기도 한다.

먼저 웨어러블 기기의 지속 사용성을 높이기 위해 사용자의 기존 행동이나 습관에 자연스럽게 스며들어야 한다. 평소 익숙하게 사용하던 시계, 목걸이, 반지, 안경, 벨트, 기저귀, 신발, 깔창 등이 대표적이다. 추가로 특정 상황에서 반복적, 정기적으로 신체가 접촉되는 주변의 가구나 기기도 있다. 예를 들어 침대의 매트리스나 자동차 핸들 또는 시트, 변기 커버, 욕실 발판 등이 있다.

디지털 복부지방 측정기 '벨로(Bello)'는 간편하게 휴대할 수 있는 크기로 근적외선 기술을 활용해 3초 내 복부 지방의 측정이 가능하다. 전용 모바일 애플리케이션을 통해 건강상태 및 향후 관리에 대한 맞춤 지침을 제공해서 대사 증후군의 주요 원인인 복부 지방을 효과적으로 관리할 수 있다. 나처럼 말로만 운동을 하는 사람은 벨로를 활용해 복부 지방을 측정한다면 경각심을 갖고 운동할 것이다.

출처: bello

한국 스타트업 '웰트'에서 개발한 스마트 벨트는 평범한 정장 벨트지만 활동량을 측정하는 웨어러블 기기다. 벨트 버클에 내장된 센서들로 활동량, 허리 둘레, 식습관 등의 데이터를 측정한다. 평소에도 착용하는 벨트라 새로운 습관을 만들거나 기존 행동을 바꿀 필요 없이 데이터를 측정할 수 있다. 물론 정장이 아니면 측정할 수 없다는 단점도 있다.

2017년 애플이 인수한 '베딧(Beddit)'은 침대 매트리스 아래에 깔아두는 수면 모니터링 센서를 개발했다. 긴 끈 형태의 베딧을 침대 매트리스에 깔아두면 수면 시간, 수면의 질, 코골이 등을 측정할 수 있

출처: WELT(웰트)

다. 이 역시 사용자가 한 번만 설치하면 의식할 필요 없이 행동 양식을 벗어나지 않고 데이터를 축적할 수 있어 지속 사용성이 높아진다.

애플 워치도 기존 습관에 묻어가는 전략을 통해 높은 지속 사용성을 달성한 대표적인 사례다. 애플워치는 아이폰과 연동되어 전화, 메시지, 메일 등을 수시로 알람 받을 수 있고, 애플 페이를 통한 결제 기능도 있다. 특히 가속도계와 심박 센서를 활용해 활동량 측정 기능을 갖고 있어 헬스케어 측면에서 높은 효율성을 보여준다.

사용자의 행동과 습관에 스며드는 방식은 지속 사용성을 높이지만 해당 기기의 유형이나 기존의 행동 형식, 착용 부위, 측정 빈도와 데이터 종류 등 제한되는 한계가 있다. 벨트 형태 웨어러블은 트레이닝이나 캐주얼 등 벨트를 착용하지 않는 복장일 경우 데이터 측정이 안 된다. 벨트나 매트에 설치하는 형식은 사용자 피부가 센서에 직접 접촉하지 못한다. 즉, 피부에 접촉해야만 측정할 수 있는 심전도, 혈당, 심박, 체온 등의 정보는 얻을 수 없는 단점이 있다.

지속 사용성은 사용자 경험과 효용의 비교에서 결정된다. 사용자 경험이 부정적이라도 효용이 크면 지속적으로 사용할 것이다. 효용이 크지 않아도 사용 경험이 좋으면 지속적으로 사용한다. 현재까지 나온 웨어러블은 측정 기능만 있다. 그래서 웨어러블 기가가 가져야 할 효용은 1. 충분히 큰 효용성, 2. 직접적인 효용, 3. 즉각적인 효용이 필요하다. 그러면 사람들이 지속적으로 사용할 것이다.

대표적인 효용으로 임상 연구에 활용된다. 웨어러블로 측정한 심박 수를 의료에 적용하려는 연구가 있다. 실리콘 밸리의 스타트업 '카디오 그램'은 애플워치의 심박 센서로 측정된 심박 수 데이터로 사용자의 심방세동(atrial fibrillation, 심방이 1분간 300~600의 빈도로 불규칙한 소수축을 반복)이나 심방조동(atrial flutter, 심방 세동보다는 덜 빠르면서 규칙성이 있게 떨리면서 불규칙한 맥박을 형성하는 부정맥 질환)을 측정할 수 있다고 한다.

카디오 그램은 2018년 3월 미국 의사협회 저널(JAMA) 자매지 논문에서, 애플워치로 측정한 심박 수를 인공지능을 활용해 정상과 심방세동 상태를 구분한다고 밝혔다. 핏빗은 2017년 8월 심박센서에서 얻은 데이터로 심방세동을 측정하는 기능을 개발했다고 발표했고, 애플 역시 애플워치로 심방세동을 측정할 수 있는지 스텐포드 대학 및 원격의료 회사인 '아메리칸 웰(American Well)'과 함께 연구하고 있다. 이처럼 해외는 다양한 형태의 디지털 헬스케어가 시도되고 있지만, 국내는 수면 아래 조용한 모습이다.

2020년 현대자동차는 전기차 시장 진출을 선언하며, 시장 점유율을 높일 것이라 한다.(2020년 현대자동차는 전기차 시장 4위다). 전기차 관련 디지털 헬스케어 시장은 초기로 보인다. 글로벌 디지털 헬스케어 시장에서 뒤졌다고 낙담하기보다, 전기차에 디지털 헬스케어를 도입하면 어떨까 생각한다. 국내에도 전기차 기술인 협회(회장 김필수 대림대 교수)등을 시작으로 전기차에 관심이 높아지고 있다. 전기차는 디지털 헬스케어에 새로운 기회가 될 것이다.

미래형 전기차의 센서가 운전자의 컨디션을 확인하여 안전 운전을 권한다. 사고 등 비상 시 구난 구조를 기관에 즉시 통보하는 것도 가능할 것이다. 디지털 헬스케어에 필요한 웨어러블의 지속 사용성 문제도 전기차가 해결할 수 있다. 운전자는 매일 특정 시간대에 운전하며 핸들이나 자동차 시트 등의 센서로 각종 건강 지표를 측정할 수 있다. 자동차에 의료기기를 탑재함으로 운전하면서 동시에 치료를 받을 수도 있다. 전기차는 이동수단을 넘어 우리 삶에 혁신을 가져올 것이다.

유튜브 노동훈 TV에 김필수교수님과 전기차에 대해서 알아본 '전기차 시장, 미래 모빌리티(Mobility)는 어떻게 될 것인가'를 검색하면 된다.

출처: 전기차 기술인협회

모두의 눈앞에서 시작한
디지털 헬스케어 전쟁

4차 산업혁명과 디지털 헬스케어 많이 들어봤지만 '벌써 4차 혁명이야?!'는 이들도 있다. 1차 산업혁명은 18세기 증기기관 기반의 기계화 혁명, 2차 산업혁명은 19~20세기 초 전기, 내연기관 기반의 혁명, 3차 산업혁명은 20세기 후반 컴퓨터와 인터넷 기반의 지식정보 혁명이다. 4차 산업혁명은 정보(빅데이터, 클라우드 등)와 지능(인공지능)의 결합으로 이뤄졌다. 산업혁명은 생산과 소비 방식의 변화로 삶을 변화시켰고 4차 산업혁명은 더 큰 변화를 초래할 것으로 예상된다.

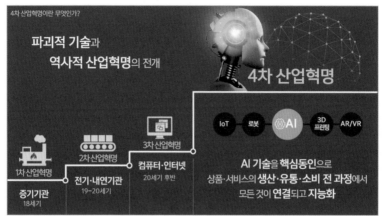

출처: https://ittrue.tistory.com/12

테슬라 사례에서 4차 혁명을 보자. 도정국 동신대 교수는 테슬라 모델3을 타고 한적한 시골길을 가고 있었다. 자율주행에 몸을 맡기고 흥겹게 운전 중 곡선 구간을 지나갔다. 테슬라 모델3은 속도를 줄이며 주행하는데 갑자기 반대 차선의 차량이 관성으로 중앙선을 살짝 넘었다. 테슬라의 자율 주행은 알고리즘대로 운행했지만 반대편 차선의 운전자는 자신의 의지대로 운전한 것이다. 혹시나 하는 마음에 핸들을 잡았던 도정국 교수는 핸들을 돌리며 안도의 한숨을 내쉬었다.

인공지능이 옷을 골라준다. '옷장엔 분명 옷이 있는데 입을 옷이 없다'라고 말하는 여자들을 남자들은 이해하지 못한다. 바쁜 일상에서 옷을 고르는 시간과 노력도 힘들다. 인공지능 알고리즘으로 개인 맞춤 옷을 골라주는 쇼핑몰이 있다. 인공지능이 고른 옷을 인간 코디네이터가 선별해 옷을 보낸다. 마음에 들면 구매하고 그렇지 않으면 입어보고 반납하기도 한다. 도시에 거주하는 직장 여성에겐 안성맞춤 서비스란 생각이 든다.

이처럼 4차 산업혁명은 조용히 우리의 일상을 파고든다. 정보통신기술(ICT)과 결합하여 기존 산업의 경계를 허물고 융합하여 변화를 일으키고 있다. 고령화로 만성질환자가 증가하였고 만성 질환 관리에 디지털 헬스케어가 도움이 된다. 기존엔 병원에 방문해야만 가능했던 진단과 치료지만 이제는 디지털 헬스케어 기술의 발전으로 개인의 건강정보를 광범위하게 수집하고 유의미하게 분석해 치료할 수 있다. 개인 맞춤 정보를 분석하기에 개인 맞춤의료, 예방의료, 예측의료가 가능하다. 글로벌 디지털 헬스케어 시장은 향후 10년간 신규 부가가치의 40% 이상을 차지할 것이란 전망이 있다. 전 세계는 글로벌 헬스케어 산업을 선점하기 위한 총성 없는 전쟁을 하고 있다.[4] 그래서 디지털 헬스케어 전쟁이라 한다.

2014년 구글은 인체의 수수께끼를 풀려고 '베이스라인 스터디(baseline study)'를 시작했다. 4년간 10,000명의 심박 수, 수면패턴, 유전정보, 감정, 진료기록 등 다양한 데이터를 수집한다. 구글은 인체의 건강 지도를 만들겠다는 계획이다. 지도가 있으면 여행이 편해지듯 건강 지도가 있으면 질병의 예방과 치료에 도움이 될 것이다. 구글은 암세포 조기 발견을 위한 나노 입자 개발, 혈당 측정용 스마트 콘텍트렌즈 개발 등도 진행 중이다.

미국 대형 약국 체인인 'CVS'는 보험사 '애트나'를 700억 달러에 인수했고 구글은 보험 스타트업 '오스카'에 3억 7,000만 달러를 투자했다. 이 외에도 제약사 '노바티스'는 디지털 헬스케어 스타트업 '페어 테라퓨틱스(Pear Therapeutics)'와 함께 최초의 디지털 치료제를 상용화했다. 우버는 병원과 협력해 차량 공유 서비스(우버 헬스)를 통해 환자에게 새로운 이동 수단을 제공했다. 글로벌 헬스케어 시장은 걷잡을 수 없이 커지고 있다.

국내에도 디지털 헬스케어를 도입하려는 움직임이 있다. 2016

---

4) http://www.kado.net/news/articleView.html?idxno=927661
〈세계는 디지털 헬스케어 전쟁중〉

년 아주대 병원은 외상센터, 응급실, 중환자실 등 80개 병상에서 산소포화도, 혈압, 맥박, 뇌파, 체온 등 8가지 데이터를 취합 및 분석하는 인프라를 구축했다고 발표했다. 국내 딥러닝 스타트업인 '뷰노(VUNO)'와 협업으로 부정맥이나 패혈증, 급성 호흡곤란 증후군 등 응급상황을 1~3시간 전에 예측하는 것이 목표이다.

내가 대학병원에 근무할 때, 응급 심폐소생술 상황을 경험한 적이 있었는데, 디지털 헬스케어로 응급상황을 조기에 예측할 수 있다면 더없이 좋겠다고 생각했다. 충분한 데이터와 인공지능의 예측력은 높아질 것으로 예상되며 환자 상태를 효과적으로 모니터링해서 예방이 가능하고 동시에 의료진의 업무 부담도 줄어들 것이다. 이것이 바로 디지털 헬스케어가 가능하게 한 예측의료다.

디지털 기술은 일상에도 적용 가능한데 '트렌드 2021' 김난도 교수의 강의에서 2021년 10가지 트렌드 중 '오하운(오늘하루운동, Your Daily Sporty Life)'을 들었다. 코로나19로 홈트(홈트레이닝)가 대세가 되고 웨어러블 헬스케어 기기를 활용해 운동을 한다. 그리고 운동 후 스마트폰 셀카로 인스타그램에 인증한다. 손목밴드 형태의 헬스케어 기기는 흔하며 건강 관리를 돕는 스마트 워치가 2019년 CEO의 최고 건강 기술로 선정된 것은 당연한 결과다.

의류형 웨어러블도 있다. 스포츠 의류 회사에서 운동량이나 심박수 등 생체 신호를 측정할 수 있는 웨어러블 기기를 개발하고 있고 숙면에 도움을 주는 잠옷 등 다양한 스마트 의류를 개발하고 출시한다. 랄프 로렌(Ralph Lauren)이 옴시그널(OMsignal)과 협력하여 만든 폴로 테크 셔츠는 특수 섬유 소재인 실버파이버로 가속도계, 자이로스코프 기능이 있어 심박 수, 호흡수, 스트레스 수준, 이동 거리, 칼로리 소모량, 운동 강도 등의 데이터를 스마트폰 앱으로 확인할 수 있다.

미국 프로야구협회인 'MLB'는 투수의 팔꿈치 부상을 방지하기 위해 팔꿈치에 가해지는 압력을 측정하는 웨어러블 기기를 경기 중 착용하도록 허가했다. 'Under Amour'는 실제 걸음 수, 거리, 속도 등을 측정할 수 있는 '신발 일체형 센서'를 부착한 스마트 운동화를 출시했다. 의류형 웨어러블 기기는 직물에 일체화시켜 섬유(실) 형태로 옷감에 삽입하는 데 성공했다. 옷을 세탁해도 웨어러블 기기 성능이 유지되는 섬유형 트랜지스터가 개발되었고 심전도 신호 수집에 성공했다.

지금까지 소개한 사례는 일부분에 지나지 않으며 혁신적인 기술 개발은 소리없는 전쟁 중 이다. 해외와 비교해서 국내의 대응은 걸음마 수준이며, 이대로 간다면 외국 자본에 잠식될 것이다. 이제는 의사와 제약회사, 의료기기 회사, 보험회사, 민간 소비자 단체 그리고 정부의 대응과 규제 완화가 절실하다. 500년 전, 10만 양병설을 외쳤던 율곡이이(1536~1584년)까지는 아니더라도 디지털 헬스케어를 성공적으로 이끌 자본과 기술, 인재가 필요하다.

아무도 모르는
디지털 헬스케어의 의미

시스템 생물학의 선구자인 르로이 후드는 2000년대 '4P 의료'라는 개념을 만들었다. 4P 의료는 '예측 의료(Predictive Medicine), 예방 의료(Preventive Medicine), 맞춤 의료(Personalized Medicine), 참여 의료(Participatory Medicine)'를 말한다. 질병을 예측, 예방하며 개별 환자에 특화된 맞춤형 의료를 제공하는 과정에 환자가 참여한다는 의미다. 디지털 헬스케어는 4P 의료를 구현할 수 있는 중요한 수단이다.

병원에서만 측정하고 기록했던 심전도, 산소포화도, 피부병 등을 디지털 기기로 모을 수 있다. 내가 대학병원에서 일할 때 소변을 잘 보는지 확인하는 검사가 있었다. 병원 화장실에서 기계에 소변을 누면 소변보는 시간과 양으로 시원한 배뇨가 가능한지 측정했다. 평소 분위기가 익숙지 않은 병원에서 물을 마시고 기다렸다 검사하는데 소변 실수라도 하면 이 과정을 반복해야 했다. 이를 해결할 수 있는 방법은 없을까? 사운더블 헬스 애플리케이션은 소변이 물에 닿을 때 나는 소리로 배뇨를 분석한다. 대학병원 임상 연구로 정확성을 검증 받았다. 익숙한 환경에서 반복 검사를 하니 편리하다.

출처: https://www.soundablehealth.com/ko

이처럼 디지털 기기를 활용해 개인의 정보를 실시간으로 상당한 분량의 데이터를 모으고 가공해서 의미 있는 정보로 뽑아낼 수 있다. 스마트폰과 웨어러블 디바이스, 개인 유전정보의 분석 등으로 가능하다. 개인 유래 건강 정보는 환자에게 도움이 된다. 과거에는 상상만 했던 기술이 이제는 기술의 발전으로 가능해진 것이다. 나는 이것이 엄청난 의미가 있다고 생각한다. 일상생활에서 수집된 정보가 훨씬 정확하고 환자의 건강에 도움이 될 것이기 때문이다.

수면 무호흡증(sleep apnea)은 수면 다원검사를 위해 병원에 하루 입원해야 했다. 수면 중 공기의 출입, 호흡 운동, 뇌파, 안구 운동, 산소포화도, 심전도, 근전도 등 검사를 하는데 검사 받는 환자는 익숙한 환경이 아니다. 오라 링(Oura Ring)을 착용하면 활동량, 심박 수, 체온과 수면을 모니터링 한다. 오라 링은 수면의 양과 질을 검사할 수 있다. 침대 매트리스에 깔아두는 수면 모니터링 센서 베딧(Beddit)도 있다. 생활하던 익숙한 공간에서 수면 패턴을 파악하면서 시간과 비용을 낮춰, 의료 접근성을 높일 수 있다.

기술의 발전으로 진단과 치료법이 빠르게 변하고 있다. 디지털 헬스케어를 받아들이면 다양하고 방대한 정보를 취합하고 데이터화해서 보관할 수 있다. 그래야 정확한 환자 파악과 질병 발생 예측, 예방을 할 수 있으며 개인 맞춤 치료까지 가능하다. 이 과정에 환자는 능동적으로 데이터를 제공해 참여의료까지 할 수 있다.

내가 좋아하는 말 중에 이런말이 있다. "If a job's worth doing, it's worth doing well, 가치가 있는 일이면, 잘해야 한다" 의사의 존재 이유는 환자의 치료다. 의사가 제공하는 유형, 무형의 서비스는 환자에게 최대한 도움이 되어야 한다. 환자에게 최선의 의료를 제공하려면 환자를 잘 알아야 한다. 혈당의 변화를 실시간으로 부정맥을 24시간 체크하고 문제가 생길 때 기기가 병원과 의사에게 알람을 준다면 지금과 차원이 다른 의료가 가능하다.

인공지능과 10분만 대화하면 치매를 알 수 있는 애플리케이션을 SK 텔레콤과 서울의대가 공동 개발하고 테스트하기 시작했다. 사람의 음성은 성도를 거치며 증폭, 감소하는데 치매 환자의 특징적 음성을 인공지능이 파악해 치매 여부를 검사한다. 테블릿 PC를 통해 약 10분간 10개의 질문을 듣는다. 질문은 동물의 특징을 비교하기, 동화 줄거리를 듣고 기억해서 말하기, 그림 속 상황을 설명하기 등으로 구성되어 있고 인공지능은 답변과 음성을 실시간으로 분석한다.

SK텔레콤과 서울의대는 기술 개발을 위해 수백 명의 목소리 데이터를 수집했다. 현재는 음성만 분석하지만 향후 문법이나 언어 반복 등 치매 환자의 언어 특성과 얼굴 인식, 심박 수 및 혈압 측정 등을 추가해 치매 진단 정확도를 높일 계획이다. 나는 지인들의 부모님 치매 상담을 받는 경우가 있다. 많은 어르신들은 치매라는 말을 들으면 불같이 화를 내거나 치매 검사를 위해 병원 방문을 거부한다. 이럴 때 AI 음성인식 치매 진단은 환자의 거부감을 줄이면서 조기에 진단을 도울 수 있다.

이 프로그램이 상용화되면 치매를 조기에 발견할 뿐 아니라 진단 비용도 줄어들 것으로 예상된다. SK텔레콤 CTO 김윤은 "의과대학과 공동으로 프로그램을 검증하게 되므로, AI 헬스케어 분야의 큰 진전"이라 했다. 이준영 서울의대 교수는 "치매를 앓는 어르신의 목소리에는 차이가 있어, 정량화된 진단을 하기는 어렵다. 하지만 음성 기반 치매 진단법이 개발되면, 치매를 조기에 진단하는데 크게 기여할 것"이라 했다.[5]

대학병원에서는 정규 및 응급수술이 많아 밤늦게 수술하는 일이 생

출처: http://www.biotimes.co.kr/news/articleView.tml?idxno=4551

---

5) 〈AI와 10분 대화하면 '치매' 알 수 있다 – 임영신 기자〉

긴다. 전공의 시절, 36시간 연속 근무했던 일이 많다. 점심/저녁도 못 먹고 수술하는데 응급실을 통해 다음 수술이 잡힌 것이다. 환자와 의료진 모두 힘든 상황이다. 이를 예방하려 '가이싱거 헬스 시스템'이란 수술방 혼잡도 예측 모델이 개발되었다. 특정 병원의 수술방 혼잡도가 높게 측정되면 다른 병원으로 스케줄을 조정한다. 환자의 기다리는 불편을 줄이고 의료진의 피로로 의료사고가 발생하는 것을 줄일 것이다.

GPS(Global Positioning System)를 활용한 '스마트 흡입기'는 개별 환자가 과거에 언제, 어디서, 얼마나 자주 천식 발작이 일어났는지 기록할 수 있다. 동시에 인구 수준에서 현재 어느 지역의 환자들이 흡입기를 많이 사용하는지 데이터를 측정할 수 있어 환경 요인에 따른 위험 지역을 직접, 간접적으로 파악할 수 있다. 즉, 위험한 곳을 미리 알수 있어 천식발작을 예방하는 것이다. 나의 아버지도 폐섬유화로 고생하셨고 코로나 이전 미세먼지가 극성을 부릴 때 돌아가셨다. 당시 이런 기술이 있었다면 아직 살아계셨을 거라는 생각에 아쉬움이 크다.

스마트 흡입기를 개발한 미국의 '프로펠러 헬스(Propeller Health)'는 이 기기가 천식 환자의 질병 관리에 효과가 있음을 임상연구를 통해 증명했다. 495명의 천식 환자를 대상으로 한 연구에서 실험군의 59%가 스마트 흡입기 사용으로 자신의 새로운 천식 발작 요인을 알게 되었다고 답했다. 천식 같은 알레르기 질환은 원인이 되는 유발물질 등을 회피하는 것이 가장 좋다. 스마트 흡입기는 천식으로 고생하는 환자에게 희소식이다.

2016년 IBM의 '왓슨'과 다국적 제약사 '테바'가 파트너십을 체결했다. 양사는 스마트 흡입기의 환자 데이터를 IBM '왓슨 헬스 클라우드'에 저장하여 인공지능으로 분석한다. 실시간 분석으로 천식 발작을 예측할 수 있다. 환자는 기기에 측정된 데이터로 실내 공기의 온도와 습도를 조절하고(혹은 데이터 기반으로 자동 조절되고) 공기 청정기를 작동시킬 수 있다. 가까운 미래엔 온습도 조절과 공기청정기 작동도 자동 조절될 것이다.

변기에 앉아 대소변을 보는 것만으로 질병을 예측하는 시스템도 있다. 스탠퍼드 의대 박승민 연구원과 서울송도병원 이종균 이사장은 변기에서 소변과 대변 샘플을 측정하고 AI로 분석해 건강 상태를 확인하는 '스마트 변기'를 개발했다. 스마트 변기는 센서와 렌즈가 있어 환자의 배변 상태, 횟수, 대변의 모양, 색깔 등을 분석한다. 소변의 형태 속도, 양상도 파악한다.

이렇게 모인 정보는 디지털화되어 의료진에게 전달된다. 변비, 변실금, 과민성 대장증후군, 염증성 장질환, 위장관 출혈, 배뇨장애, 전립선 비대증, 방광염, 요도염 등을 파악할 수 있다. 스마트 변기 시스템으로 환자의 건강을 지속 모니터링 할 수 있고, 질병 관리가 정밀해질 것이다. 데이터가 축적되면 대장항문, 비뇨기질환이 발생되는 원인을 찾는데 도움이 될 것이다.

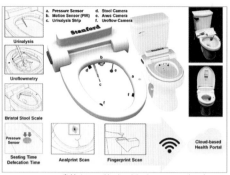

출처: https://m.health.chosun.com/svc/news_
view.html?contid=2020040703622

의사도 환자를 정확하게 알 수 있어 효과적인 진단과 치료가 가능하다. 과거엔 불가능했지만 디지털 기술을 활용하면 가능하다. 이런 변화에 대응하기 위해선 교육 과정의 변화가 필요하다. 하버드, 스텐포드, 예일, 옥스퍼드 등 명문대학은 2012년 무크(MOOK)를 통해 세계적 석학의 강의를 무료로 공개했다. 더 이상 지식이 통하는 시대가 아니기 때문이다.

하지만 한국은 내가 의과대학을 다니던 시절과 현재 교육 방식에 큰 변화가 없는 것 같다. 복사한 유인물을 나눠주는 것에서 테블릿을 통해 해당 파일을 다운로드 받는 정도의 변화이다. 이는 표면적 변화일 뿐이다. 디지털 인공지능 시대에 맞는 새로운 교육 과정이 필요하다.

내가 의대를 다닐 때는 단순 암기에서 질병 중심(PBL, Problem based learning)으로 교과가 개편되었지만 아직까지 의대에서 디지털 헬스케어를 배운다는 말은 듣지 못했다. 우리는 바뀐 세상에 적응해야 한다. 그렇지 않으면 도태될 뿐이다.

디지털 헬스케어는 당신의 모든 것을 알고 있다 (보는 것, 입는 것, 생각하는 것)

루소는 "자연을 보라, 그리고 자연을 배우라. 자연은 끊임없이 자신을 단련한다"고 했다. 기술의 진보로 주요 에너지의 변화와 산업혁명이 나타났다. 사람이 살기 위해 다양한 것이 필요하고 그 중 에너지는 필수다. 처음엔 사람과 동물의 근육을 이용했다. 내가 봤던 그리스 신화에 공주가 시녀와 함께 나귀가 끄는 수레에 빨래 거리를 싣고 개울에 빨래하러 갔다. 당시엔 세탁기와 가루 세제가 없었고 노동 생산성도 낮았다. 그래서 공주도 시녀와 함께 빨래를 했다. 나귀와 수레가 없는 서민은 제대로 된 옷도 없었을 것이다.

18세기 중엽 영국에서 시작된 기술혁신과 사회 경제 구조의 변화를 1차 산업혁명이라 한다. 산업혁명의 증기기관은 석탄을 주 에너지로 사용했다. 석유라는 거대한 자원을 발견하고 석탄보다 효율이 높은 석유가 주력 에너지가 되었다. 2차 세계대전 당시 석탄 배와 석유 배의 최고 속도는 각각 20노트와 30노트였다. 석유의 에너지 효율이 6배가량 높았다. 석유 채굴 기술이 발전하면서 석탄 사용량은 줄어들었다.

4차 산업혁명의 핵심 에너지는 전기 에너지다. 전기는 깨끗하면서도 효율이 높은 에너지원이다. 전기가 있어야 인공지능과 빅데이터, 클라우드, 사물인터넷 등이 가능하다. 이로서 디지털 헬스케어가 발전해 맞춤의료, 예방의료, 예측의료가 가능하다. 의학만 독자적으로 존재하지 못한다. 이처럼 기술의 발전은 우리의 삶을 개선한다. 의학계도 IT로 대표되는 디지털 헬스케어를 받아들여야 함은 자명하다.

외국에서는 스마트폰을 이용해 개인 빅데이터를 모으고 있다. 그리고 실제로 병원과 연계해서 사용하는 사례도 있다.

빅데이터 의료는 특히 만성질환 환자의 질병관리에 도움을 준다. 만성질환은 평생 질병을 관리하며 살아야 한다. 평소 관리를 잘 하더라도 사소한 요인으로 질병을 악화시킬 수 있어 만성 환자는 '갑작스럽게 질병이 악화되지 않을까' 하는 두려움이 있다. 일상생활에서 수집된 환자의 빅데이터 분석이 실시간으로 이뤄지고 환자와 의료기관에 전달된다면 높은 수준에서 악화를 예방할 수 있다.

천식은 기도의 폐쇄, 기도 과민성 증가를 특징으로 하는 만성 호흡기 질환이다. 천식의 정확한 발병 기전은 밝혀지지 않았으나 유전적 요인과 환경 요소가 함께 작용하는 것으로 알려져 있다. 특히 환경 요인은 광범위한 원인이 있어 매순간 주의해야 한다. 만약 천식 발작과 관련된 환자의 다양한 요인을 지속적으로 측정, 통합, 분석할 수 있다면 발작이 일어나기 전 가능성을 예측할 수 있다.

실제 천식 발작과 관련된 대부분의 데이터는 기술적으로 측정 가능하다. 유전적 요인의 경우 개인 유전정보 분석을 통해 천식의 발병과 관련된 유전 위험도를 분석할 수 있다. 웨어러블 기기나 스마트폰 애플리케이션, 센서를 활용해 활동량을 분석하거나 수면 상태, 영양 상태, 스트레스를 측정하여 환자 데이터를 얻을 수 있다. 사물인터넷(IOT) 센서로 실내의 공기질을 실시간으로 확인하고 위험도를 분석할 수 있다.

인공지능 전문기업 '셀바스'는 코스닥에 상장한 인공지능 기업으로 음성인식, 음성합성, 자연어 처리, 필기지능 등 HCI(Human Computer Interaction) 기반 기술이 있다. 셀바스의 '셀비 메디보이스'는 병원 의무기록을 음성으로 쉽고 빠르게 작성하는 인공지능 의료 녹취 솔루션이다. 영상의학 의사는 영상 판독 소견을 음성으로 EMR(Electronic Medical Record), PACS(Picture Archiving and Communication System) 등에 한 번에 저장할 수 있다. 현재 세브란스 병원 영상의학과, 한림대 동탄 성심병원 수술실 및 회진, 제주대 병원 영상의학과, 충남대 병원 영상의학과, 국립암센터 영상의학과, 강원대 병원 영상의학과 등 국내 대형병원 의료진이 판독, 수술 현장, 수술 후 회진에 사용한다. 클라우드 서비스는 편의성이 높고 비용 부담은 낮아, 여러 중소형 병원에서 사용되며 큰 호응을 받고 있다.

출처: http://www.kmdianews.com/news/articleView.html?idxno=26834

AI헬스케어 서비스 '셀비 체크업'은 건강검진 정보를 기반으로 향후 4년 내 주요 질환에 대한 발병 위험도를 예측할 계획이다. 건강검진 결과에 추가해서 건강정보에 따른 맞춤형 질병관리와 체계적인 건강 관리가 가능하다. 강남구 보건소, 서초구 보건소와 DB손해보험, 오렌지 라이프, 신한생명 등 인슈어테크(Insuretech, 사물인터넷, 빅데이터, 인공지능, 블록체인을 활용하는 혁신 보험 서비스) 분야에서 활발한 서비스를 제공하고 있다.

스마트폰은 디지털 헬스케어 혁신의 핵심이다. 스마트폰을 어떻게 사용하는지만 봐도 건강 상태, 질병의 유무까지 알 수 있다. 디지털 기기, 온라인 서비스 사용 패턴을 통해 건강 상태나 질병의 징후를 반영한 것을 '디지털 표현형'이라 한다. 2015년 '네이처 바이오테크놀로지'에 새롭게 정의된 이 단어는 스마트폰과 같은 디지털 기기나 온라인 세상에서 나타나는 우리의 행동 패턴을 일종의 표현형으로 간주할 수 있다는 점을 시사한다.

스마트폰은 기기 내에 장착된 센서나 애플리케이션을 활용하여 부가적 기기를 연결함으로 다양한 데이터를 측정할 수 있다. 스마트폰이 핵심이 된 이유는 '우리가 스마트폰을 손에서 놓지 않는다는 것'이다. 통계에 따르면 59%의 사람들이 화장실에서도 스마트폰을 사용한다고 하며, 55%의 사람들은 운전 중에도 스마트폰을 사용한다고 한다. 그렇다. 스마트폰은 우리의 모든 것을 알고 있다.[6]

또한 우리는 스마트폰으로 SNS를 이용한다. 페이스북, 인스타그램, 카카오톡, 트위터 등 다양한 소셜네트워크를 통해 교류하며 정보를 얻고 자신을 표현한다. SNS에 올라간 글과 사진, 사용 패턴을 보면 다양한 정보를 파악할 수 있다. 사람을 소개 받을 때, SNS로 사전에 인물을 파악할 수 있다. 스마트폰 사용 패턴과 이동장소를 보면 건강까지 파악할 수 있다. 디지털 표현형으로 질병의 발생과 악화, 재발 등을 쉽고 빠르게 예측할 수 있다.

2015년 미국 노스웨스턴 대학에서는 스마트폰 사용 패턴을 분석함으로 사용자가 우울증상이 있는지 86.5%의 정확도로 파악할 수 있다고 발표했다. 연구진은 28명의 참여자의 스마트폰 사용 패턴을 추적 연구했다. 그 결과로 생활의 규칙성, 장소의 다양성이 특히 우울증과 상관관계가 높게 나왔으며 전화 사용 시간 및 빈도 역시 우울증과 유의미한 상관관계를 보이는 것으로 나타났다.

2016년에는 48명의 대학생을 대상으로 10주 동안 스마트폰 사용 패턴을 관찰, 분석했다. 이 연구에서 스마트폰의 사용 패턴을 통해 몇 주 후의 우울한 정도를 미리 파악할 수 있다는 결과가 나왔다. 실험 2주 차에 측정한 장소의 다양성이나 정규화된 엔트로피가 10주 후의 우울증 정도와 높은 상관관계를 보였다. 즉,

---

6) 〈듣기, 쓰기, 말하기, 팔방미인 셀바스 AI, 생활 속에 스며들다〉

스마트폰 사용 패턴 관찰을 통해 우울한 정도를 예측할 수 있다.

'마인드 스트롱 헬스'라는 실리콘밸리 스타트업은 스마트폰의 다양한 사용 패턴을 통해 사용자의 인지능력, 우울증, 조현병, 양극성 장애, 외상 후 스트레스 장애, 약물 중독 등의 정신건강과 관련된 문제를 측정하려 한다. 스마트폰에서 타이핑하는 방식, 스크롤을 내리는 방식, 화면을 터치하는 방식 등을 측정하여 분석한다. 2018년에는 병원과 협력하여 재발 위험이 높은 중증 환자를 추가 임상 연구하고 있다.

이처럼 스마트폰으로 사용자의 정신건강을 파악하면 많은 장점이 있다. 환자가 검사를 받으러 더 이상 병원을 방문할 필요가 없고 일상생활 속 실제 환경에서 데이터를 측정할 수 있다. 또한 정기적으로 병원을 방문할 필요도 없다. 힘든 전공의 3년차 시절, 자기연민에 빠졌던 적이 있다. 정신과를 배웠기에 진단기준을 살펴보고 우울증은 아니라고 안심했는데 이제는 스마트폰으로 누구나 쉽게 자신의 정신 건강 상태를 파악할 수 있다.

IT를 활용한 디지털 헬스케어는 급격히 성장한다. 디지털 기술을 활용하는 '건강 증진'을 넘어 디지털 치료제로 확대되었다. 디지털 치료제는 치료 효과가 입증된 디지털 기술로 환자의 질병과 장애를 치료하고 관리한다. 최근 디지털 치료제가 헬스케어의 유망기술로 부상했다. 세계 주요 국가의 보건 및 과학기술자, 투자자는 디지털 치료제의 개발/활용 촉진을 위한 투자와 지원을 확대하고 있다.

당뇨환자의 혈당관리와 인슐린 분비를 돕는 제품이 있다. 연속혈당측정기와 인슐린 자동주입기다. 연속혈당 측정기는 패치 형태로 부착돼 5분 간격으로 혈당정보를 제공한다. 바늘로 찔러 혈액을 검사하는 방식이 아니라 피하 간질액의 혈당 농도로, 혈액 포도당 수치를 유추한다. 측정된 혈당을 바탕으로 인슐린 자동주입기(펌프/패치형태)가 작동한다. 당뇨환자의 불편을 줄이고 저혈당 쇼크의 위험도 없앴다.

암치료의 3대 표준은 수술과 방사선, 항암 화학요법이다. 모든 세포는 분열과 소멸을 반복하는데 암세포는 계속 분열하는 특징이 있다. 노보큐어는 웨어러블 항암 치료기 '옵튠'으로 암세포의 체세포 분열을 방해해 사멸시킨다. 소형 전기장 발생 장치와 트랜스듀서 어레이로 구성되고, 웨어러블 장치를 암세포 주변에 부착하면 종양치료장(50~200KHz)이 생겨 튜뷸린과 셉틴 단백질의 위치를 교란한다. 초당 10~30만 번 교란하면, 암세포의 분열이 방해되어 암이 치료된다. 전기장은 자연계에 존재하는 힘으로 부작용이 거의 없다. 현재 교모세포종 화학치료제인 테모졸로마이드와 병용으로 신규와 재발 환자에 사용허가를 받았다. 새롭게 바뀐 디지털 헬스케어 시장을 알고 적응하면 훨씬 편리하고 효율적이며 비용을 낮춘 건강 관리가 가능해진다. 디지털 헬스케어는 이미 우리에게 다가와 있다.

2장

디지털
헬스케어의
과거 현재

디지털 헬스케어가 나오기 전 의료계의 현실

2000년대 초반 의과대학 일반외과 수업시간에 진단적 개복술이란 개념을 배웠다. 말 그대로 진단을 위해 배를 연다는 것이다. 당시엔 CT와 MRI, 초음파가 일상적으로 쓰일 때라 진단적 개복술의 의미를 이해할 수 없었다. 진단적 개복술은 영상 진단 장비가 없을 때 복부 외상이 의심되는 상태에서 시행한 검사였다. 예를 들어 교통사고 환자가 장 천공이 의심되면 생명이 위험하니 진단적으로 개복을 했다. 당연히 CT와 MRI, 초음파가 나오자 진단적 개복술의 가치는 낮아졌다. 2021년 진단적 개복술을 하는 경우는 극히 예외적이다.

디지털 헬스케어는 의료 혁명이다. 과거엔 모을 수도 없었고 불필요하다고 생각했던 진짜 내 건강 정보. 이것이 더 중요한 정보였다. 아픔을 느끼고 병원에서 10~20분 측정하는 검사보다 평상시의 내 건강 데이터가 더 중요하다. 기존의 의료 수준으로 할 수 있는 최선을 넘어, 디지털 기술을 활용해 더 많은 정보를 바탕으로 정확한 진단과 맞춤 치료를 할 수 있다. 예방 의료, 예측 의료, 맞춤 의료가 가능해졌다.

"건강은 소중하다. 사람들이 건강을 위해 시간뿐 아니라 땀이나 노력, 재능까지 희생할 가치가 있는 유일한 것이다. 그러니 건강을 위해 노력하라. 건강을 주의해야 한다. 건강을 위해 충분한 시간을 배려해야 한다." - 프랑스의 사상가 몽테뉴(1533~1592, Montaigne)

사람들에게 행복한 삶에 대해 말한 적 있다. 당시 나의 정의는 다음과 같다. '질병으로부터 자유롭고 건강하며 경제적 궁핍이 없고, 주변 사람들과 잘 지내는 것 그리고 나이와 관계없이 성장하며 삶이 나아질 때 행복하다' 행복한 삶의 바탕엔 건강이 있다. 디지털 기술을 활용해 행복한 삶의 초석인 건강을 편리하고 효율적으로 지킬 수 있다.

'Green X(그린 엑스)'는 신경 치료(근간 치료 endodontic treatment)를 위한 정밀 영상을 제공하는 프리미엄 CT다. 신경 치료는 치아 내부 신경, 혈관 등으로 구성된 치수를 고려해야 하며 고해상도 영상을 필요로 한다. 신경치료는 자연 치아를 뽑지 않고 최대한 보존하는 시술이다. 충치 부위를 제거한 뒤 미세한 근관을 통해 염증을 꼼꼼히 제거하고 소독한다. 치료 후에는 오염과 파절을 막기 위해 보철물(크라운)을 씌운다.

그린 엑스는 빠른 촬영시간과 저선량 기술을 강점으로 갖고 있어 환자의 움직임으로부터 발생하는 영상 왜곡(Motion Artifact)을 최소화한다. 자동화 소프트웨어 기술을 통해 클릭 한 번으로 치조골 등의 불필요한 구조물이 자동 삭제되기 때문에 치아 및 신경을 빠르고 선명하게 확인할 수 있다. 기존의 구강 내 촬영 센서(Intra-Oral Sensor)에서 확인하기 어려운 신경관의 개수나 주행 방향, 만곡도(신경의 휘어짐 정도)를 3D로 볼 수 있어 치료 효율이 높아진다.

천식과 심방세동은 간헐적으로 이상이 나타날 수 있지만, 혈압과 혈당은 수시로 변한다. 따라서 병원에 가지 않고 집에서 자주 측정하는 것이 더 큰 의미를 지닌다. 또한 시간대와 무관하게 병원에 있다는 자각으로 긴장하여 고혈압이 나타나는 경우가 있다. '백의 고혈압(white-coat hypertension)'이라 하는데, 병원 의사 앞에서 혈압이 올라가는 현상이다. 반대로 '가면 고혈압(masked hypertension)'이 있다. 집에서 측정하면 고혈압인데, 병원에서는 발견되지 않는 고혈압이다. 만약 평소의 혈압을 지속적으로 측정한다면 백의 고혈압과 가면 고혈압이란 말은 사라질 것이며 의사도 혈압 약의 효과를 더 정확하게 판단할 것이다.

이스라엘 디지털 헬스케어 기업인 나녹스는 2020년 8월 21일 나스닥에 상장한 뒤 주가가 120% 이상 급등하는 등 시장에서 좋은 평가를 받고 있다. 최고 경영자 란 폴리아킨이 한국을 찾은 이유도 기업 공개(IPO)를 통해 마련한 공모자금을 한국에 투자하기 위해서다. 한국에 핵심 부품 생산 공장을 짓고, 인공지능(AI) 관련 기업 인수합병(M&A)도 추진한다. 란 폴리아킨 창업자는 한국에 나녹스의 디지털 X-선 핵심 부품인 미세전자기계시스템(MEMS, Micro-

Electro Mechanical Systems)칩 생산 공장을 지을 계획이며, 현재 후보지를 찾고 있으며 한국을 방문해 마무리할 계획이라 했다.

나녹스는 세계 최초로 반도체 나노기술을 적용한 디지털 X-ray로 기존의 아날로그 방식과 비교해 화질, 촬영 속도, 방사선 노출량을 획기적으로 개선했다. 촬영 가격도 기존 제품대비 100분의 1로 낮췄다. 미국 증시에서 나녹스 의료영상 기술이 CT를 대체할 것으로 평가한다. 나녹스 기술은 비용과 방사선 노출을 획기적으로 개선했다. 란 폴리아킨 창업주는 기존의 X선, CT가 백열등·형광등이라면 나노 디지털 엑스레이는 'LED'에 비견될 것이며 언텍트 진료의 핵심 기술이 될 것이라 했다.

기존의 CT는 장비 가격이 수십억 원을 넘고 촬영 비용도 100달러가 넘지만 나녹스는 대당 가격이 1200만 원 수준이고 촬영 비용도 1달러 정도다. 나녹스는 CT 촬영 비용을 획기적으로 낮춰 누구나 쉽게 CT를 찍을 수 있게 만들 것이라 했다. 나스닥 상장 직후 주가가 급등한 것은 시장에서 나녹스의 디지털 X-ray 기술이 포스트 코로나 시대의 핵심 의료장비가 될 수 있다고 평가했기 때문이다. 그는 포스트 코로나 시대에는 비대면 진료와 원격 진료, 데이터의 클라우드화가 헬스케어에서 중요해질 것이며 나녹스의 기술은 언텍트 진료의 핵심 기술이 될 것이라 했다. 란 폴리아킨 창업자는 기술 창업에 성공할 수 있었던 이유에 대해 기술보다는 비즈니스 모델 중심으로 사고하기 때문이라 했다. 흔히 기술기업에서 가장 중요한 것은 기술이라 생각하지만 그는 비즈니스 모델을 가장 중요하게 생각한다고 했다.[7]

---

7) https://www.youtube.com/watch?v=AOGa9J4uPxo
〈X레이 혁명 나녹스, 핵심칩 공장 한국에 짓겠다〉

한국보다 10년 앞선 해외의
디지털 의료의 현실

나는 2010년 아이폰3을 사용하다가 갤럭시로 옮겨 탔다. 스마트폰 초기에 아이폰을 사용하니 사람들이 신기해하며 보여 달라 했지만 나의 사용경험은 좋지 않았다. 충전 케이블의 접촉 불량과 단락이 있었다. 애플 스토어에서 구매하려니 가격이 비쌌다. 지금은 다이소에서 3천원만 주면 3가지 커넥터가 있는 충전기를 살 수 있지만 당시는 훨씬 비쌌다. 갤럭시와 비교해 성능이 더 나아보이지도 않았다.

아이폰을 만드는 애플은 전 세계적 팬덤을 형성하고 아이폰 12를 기다리는 사용자가 많았다. 나로서는 이해가 어려웠다. 아이폰 특유의 감성과 사진이 예쁘게 찍힌다는데 셀카 찍을 때마다 아내에게 야단을 맞는 나로서는 셀카가 잘 나오는 아이폰을 멀리했을지도 모른다. 그러나 나중에 알았다. 아이폰이 비싼 이유를. 애플은 아이폰에 특허가 많다. 특히 디지털 헬스케어 관련 특허가.

애플은 아이폰과 맥북으로 유명한 기업이다. 애플은 디지털 헬스케어 시장 초기부터 많은 투자와 개발을 진행했다. 디지털 기술의 발전으로 새롭게 등장한 디지털 헬스케어 시장인 만큼, 글로벌 IT기업이 많은 관심을 보이는 것은 자연스러운 일이다. 하지만 애플은 디지털 헬스케어 시장에서 독보적이며 완전한 모양새를 갖추고 있다.

애플의 미래에는 헬스케어가 꾸준히 언급되며 2014년부터 매년 헬스키트, 리서치키트, 케어키트, 애플 헬스 레코드 등 의료 플랫폼을 꾸준히 출시하고 있다. 애플은 전방위적으로 헬스케어 시장으로 진입하고 있다. 애플은 현재까지 가장 완전한 디지털 헬스케어 기업 중 하나다. 진료기록 공유, 애플리케이션 개발, 의학연구, 웨어러블 기기 등을 자체 플랫폼으로 구축하여 헬스케어 혁신의 중심에 있다.

애플은 디지털 헬스케어의 3단계(데이터 측정과 수집, 통합 그리고 분석)에 모두 관여한다. 아이폰과 애플워치는 의료 데이터를 쉽게 측정할 수 있다. 아이폰 기반 헬스케어 플랫폼 '헬스키트'와 진료기록 플랫폼인 '애플 헬스 레코드'서비스는 측정된 데이터를 수집하고 통합하는 역할을 한다. 의료기관에서 애플의 플랫폼을 통해 데이터를 분석하고 환자 관리와 질병 치료에 활용한다. 애플은 데이터의 측정과 수집, 통합 그리고 분석 전 과정에 관여한다.

애플은 2014년 6월 아이폰 운영체제 iOS8에 헬스키트를 기본 탑재하면서 헬스케어 시장에 진출했다. 애플은 '헬스키트' 플랫폼으로 환자, 의료기기, 병원, 애플리케이션 등을 통합하는 환경을 만들었다. 사용자의 애플리케이션과 센서, 기기로 얻은 데이터를 하나의 플랫폼에 수집해 개인 키트를 만든다. 헬스키트는 메이요 클리닉, 스탠퍼드 병원, 존스 홉킨스 의대, 클리블렌드 클리닉 등 22개의 병원과 연계하면서 데이터를 공유하는 기반을 마련했다.

애플은 '헬스 레코드' 플랫폼을 모든 병원으로 확장하여, 2019년 6월에는 호환 가능한 전자의무기록 시스템을 가진 모든 병원이 '헬스 레코드' 플랫폼에 연동될 수 있게 만들었다. 각 병원은 '애플 레지스터' 페이지에 병원을 등록하여 환자들이 검색해서 찾을 수 있도록 한다. 의료 데이터가 병원으로 연결되려면 전자의무기록 회사와 협업을 한다는 말이다. 애플 헬스키트는 미국 최대 전자의무기록 회사인 에픽 시스템즈(Epic Systems)와 연동된다.

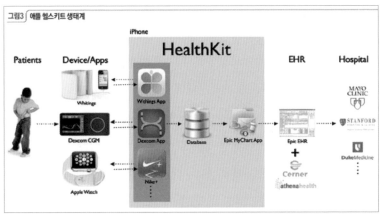

출처: https://dbr.donga.com/graphic/view/gdbr_no/4825

애플은 플랫폼에 축적된 데이터를 다양한 기업과 연계해 더 많은 의료 서비스를 제공한다. 우버는 환자가 의사를 부르는 왕진 서비스 '힐'과 연동했다. 의사를 부르더라도 의사가 참고할 수 있는 진료기록이 제한적이라 의료 서비스에 제약이 있었다. 하지만 '애플 헬스 레코드'에 환자의 과거 기록을 저장해 놓음으로 왕진 온 의사와 공유할 수 있고 이를 바탕으로 효과적인 진료를 할 수 있다. 애플은 부가 서비스를 늘림으로 진입장벽을 높여 후발주자의 진출이 어려워졌다.

애플이 최초의 건강기록 플랫폼을 구축한 것은 아니다. 2007년 마이크로소프트사가 'MS 헬스 볼트'라는 서비스를 2008년에는 구글이 '구글 헬스'라는 건강기록 서비스를 선보였다. 하지만 두 플랫폼 모두 별다른 성과를 보여주지 못하고 서비스가 중단되기도 했다. 이는 스마트폰 사용과 관련이 있다고 생각된다. 'MS 헬스 볼트'와 '구글 헬스'의 플랫폼은 스마트폰이 아닌 웹 기반 서비스로 플랫폼의 활용성과 확장에 제약이 있었다.

애플의 '헬스 레코드'는 스마트폰을 활용해 플랫폼에 쉽게 접속할 수 있다는 장점이 있어 많은 사용자를 확보했다. 항상 갖고 다니고 수시로 확인하는 스마트폰이, 애플의 '헬스 레코드'에 큰 영향을 준 것이다. 사용자 입장에서 접근성은 물론이고 기능에서도 만족도가 높아 자신의 건강 이해도를 높였다. 특정 제품과 서비스가 시장에서 경쟁력을 가지려면 제품 자체의 만족도와 효용이 높아야 하고, 어떤 플랫폼을 활용할지도 중요하다.

애플이 디지털 헬스케어 3단계(데이터 수집, 통합, 분석)에 관여한다면 데이터 통합에만 집중하는 기업도 있다. 실리콘 밸리의 발리딕(Validic)은 애플 헬스키트와 전반적 구조는 유사하다. 환자와 일반 사용자들이 사용하는 스마트폰 앱과 디바이스에서 얻어진 환자 유래의 의료 데이터를 클라우드 기반의 플랫폼에서 수집 및 통합하고 취합한 데이터를 의료 생태계의 다양한 주체들이 볼 수 있는 단일 통로로 제공하는 것이다.

발리딕은 시장에 나온 모든 헬스케어 및 의료 앱, 가정용 의료기기 중 무려 70%정도를 플랫폼에 연동시켰다. 그 과정에서 기기를 연동시키고 유지, 보수하는 것은 적지 않은 시간과 노력이 들어가며 발리딕 같은 플랫폼 없이 개별 병원과 보험사가 직접 하는 것은 매우 비효율적이다. 이것을 해낸 발리딕이 경쟁 우위를 가지는 것이 당연하다.

출처: http://www.yoonsupchoi.com/2017/01/12/digital-medicine-11

애플 헬스키트와 발리딕의 큰 차이점은 플랫폼 참여자다. 헬스키트는 아이폰 사용자에만 국한되지만 발리딕은 모든 스마트폰 사용자가 참여 가능하다. 또한 폭넓은 의료 생태계 주체들이 발리딕을 통해 데이터를 받을 수 있다. 현재 발리딕은 보험사, 제약회사, 웰니스 기업 등 의료 생태계의 다른 조직에도 데이터를 제공한다. 즉, 애플의 헬스키트보다 조금 더 넓고 포괄적인 그림을 그리고 있다.

애플과 발리딕의 사례에서 디지털 헬스케어의 데이터 수집, 통합, 분석을 말했다. 혹자는 디지털 헬스케어의 실체는 진단 영역에만 국한된 것이 아닌지 의구심을 가질 것이다. 디지털 치료제도 시장에 진출했고 곧 상용화될 디지털 치료제도 있다. 미국 아킬리 인터랙티브(Akili Interactive)사가 개발한 '인데버(EndeavorRx)'는 기기형 게임으로 미국식품의약국(FDA)의 승인을 받았으며, 주의력결핍 과잉행동장애(ADHD) 소아 환자에게 처방할 수 있다.

아킬리 인터랙티브의 ADHD 치료를 위한 태블릿 PC게임 'EVO'는 사용자가 외계인 캐릭터를 조종하면서 장애물을 피하는 게임이다. 사용자는 EVO를 통해 사물을 구분하여 인식하도록 훈련받고, 전문의의 처방을 받아 사용할 수 있는 게임이다. 현재까지 알려진 부작용은 '낮은 점수로 스트레스를 받는다'는 것 외엔 없다. 우리에겐 낯설지만 앞으로 의사가 게임을 처방하는 것이 보편화될 전망이다.

디지털 치료제로 당뇨, 수면장애, 우울증, 심혈관 질환, 중독, 치매, 천식 등 다양한 질병을 치료한다. 의학적 근거가 충분하고, 개발 후 임상을 거쳐 인허가를 받고, 상업화된 제품으로 출시된 사례가 늘고 있다. '눔'은 식단, 칼로리, 온라인 콘텐츠, 모바일 코칭 등으로 체중 감량부터 당뇨 예방까지 가능하다. VR(가상현실)을 통해 공포를 치료하기도 한다.

규제, 보험적용, 의사의 처방과 환자의 사용(복약 순응도)까지 넘어야 할 고비는 많지만 적용 가능한 디지털 기술이 개발되고 있다. 현재, 디지털 치료제는 단독으로 사용되는 것보다 기존 약을 보완해 약의 효과를 높이는 방식을 취하고 있다. 디지털 치료재의 미래는 생각보다 멀리 있지 않다.

질병 예방영역에도 새로운 기술이 도입된다. 미국에서는 기본 혈액 검사에 디지털 헬스케어 기술로 결핍 영양소와 생활습관을 파악하고, 그것을 토대로 개인 맞춤 약, 영양제를 제조 공급한다. 한국의 '뉴트리션 코트(Nutrition Court)'사도 기본적인 건강검진 항목보다 많은 혈액, 모발, 소변 등 약 125가지 항목을 검사해 건강을 체크하고 검진 결과를 웰니스 리포트로 작성해 맞춤형 권장 영양소를 비롯한 라이프 스타일, 웰니스 케어 푸드, 건강기능 식품 등 다양한 헬스케어 정보를 제공한다. 이 또한 빅데이터 기반의 분석으로 가능하다.

한국의 디지털 헬스케어 준비는 어떨까. 2019년 9월 기준, 한국 식품의약품안전처 의료기기 심사부, 첨단의료 기기과에 디지털 헬스케어 심사 업무를 맡은 담당자는 2명 뿐이다. 의료기기 심사부의 인력은 지난 20년간 30여 명에서 열 명밖에 충원되지 않았다. 한국의 디지털 헬스케어의 도입과 발전이 쉽지 않은 이유다. 2021년 1월 현재. 정부는 코로나 위기극복을 위해 많은 지원을 하고 있으나 디지털 헬스케어 지원은 적다. 코로나 극복에 도움이 되고 미래 먹거리인 디지털 헬스케어 사업에 정부의 전향적 투자가 필요하다.

빅데이터가 디지털 헬스케어에 미치는 영향

의과대학에서 공부할 때 방대한 분량을 암기하느라 힘들었고 특히 시험에 자주 나오는 질병은 '족보'라며 무조건 외웠던 기억이 있다. 실제 임상에서 환자를 보면 족보를 벗어나는 경우는 드물었다. 내과, 외과, 산부인과, 소아과 등 임상을 배운 후 가상의 환자를 진단, 치료하는 PBL(Problem based learning) 교육을 받았다. 이 과정에는 반드시 '근거'가 있어야 하고 자의적 치료는 개입하기 어렵다.

디지털 헬스케어는 데이터가 핵심이다. 데이터가 있어야 근거 중심의 치료(Evidence-based medicine)가 가능하다. 근거 중심 의료에서 근거는 환자 임상시험에서 얻은 결과였다. 근거는 개별 환자의 증례보고, 환자-대조군(Case-control) 연구, 코호트(Cohort) 연구, 무작위 대조실험(Random Controll Trial)과 메타분석(Meta-analyses) 순서로 근거 수준이 높아진다. 기존의 연구는 환자 집단에서 평균을 찾았다.

신약이 개발되어 임상시험에 효과가 있었다는 것은 실험군(투약한 집단)이 대조군(투약하지 않은 집단)에 비해 유의미한 효과가 있었다는 것이다. 집단에서 효과를 보였더라도 개별 환자는 평균 이상 혹은 평균 이하의 반응을 보일 것이다. 심지어 부작용의 종류와 수준도 다르다. 만약 평균 이상으로 반응하는 환자라면 과잉치료 문제가 생긴다. 심각한 부작용이 발생하는 예외적인 경우라면 어떨까. 이처럼 집단에 기반을 둔 접근은 한계가 있다.

데이터 주도 의료는 개별 환자 데이터가 기반이 된다. 스마트폰, 웨어러블, IoT 등으로 환자 개인의 입체적이며 밀도 높은 데이터를 수집하고 클라우드로 통합해서 개인의 건강 상태를 정확히 파악할 수 있다. 그러므로 환자에 맞는 최적의 치료가 가능하며, 심지어 질병의 예측과 예방까지 가능해진다. 근거 중심의료에서 파생된 데이터 중심의료는 의료 혁명이다.

2011년 뉴 잉글랜드 의학 저널(NEJM)에 소개된 사례를 보자. 13세 여아가 전신 홍반성 루푸스(SLE)로 병원에 왔는데, 아주 드물게 신증후군 범위의 단백뇨, 항인지질 항체 등 다수의 질병이 있었다. 환자는 혈액이 굳어져 혈전의 위험이 있었는데 항혈액응고요법을 사용하는 것이 올바른지 판단하기 어려웠다. 워낙 희귀한 사례로 전문가의 경험과 근거가 부족했다. 스탠퍼드 병원은 전자의무기록을 뒤져 98

명의 소아 전신 홍반성 루푸스 환자를 찾아, 이들 중 신증후군 단백뇨가 있을 때 혈전 발생 위험이 높아지는 것을 통계적으로 확인했다.

환자가 입원한지 24시간 내에 항혈액응고제를 투여했다. 대학병원의 무수히 많은 환자 자료 중에서 유사한 질병을 가진 환자 데이터를 분석해 맞춤 치료한 예다. 당시 의사 한 명이 4시간 동안 컴퓨터에서 데이터를 분석했다고 한다. 이 과정을 인공지능으로 했다면 얼마의 시간이 걸릴까. 스탠퍼드 대학 뿐 아니라 전 세계 대학병원의 자료를 모두 뒤진다면 어떨까. 평소 환자의 신체정보를 취합해 환자 특성을 고려한 치료를 했다면 어땠을까.

의료는 근거가 중요하다. 과거 임상시험은 환자 집단의 평균에 맞춰 약물 처방과 치료를 결정했다. 디지털 헬스케어가 확산되면 개인 건강정보에 유전자 정보 등 무수히 많은 데이터를 수집, 통합, 분석하여 개별 맞춤 의료가 가능해진다. 평소 건강 데이터를 확인함으로 질병의 예방과 예측까지 가능하다. 자동차에 장착된 센서가 조기에 이상신호를 보내는 것처럼 건강에도 조기에 이상신호를 보낼 것이다.

의학 연구는 특정 가설이나 주제로 시작한다. 질병 치료법을 찾기 위해 구체적 가설에서 출발해 검증에 필요한 데이터를 모은다. 연구 조건에 맞는 시험자를 구하기 어렵다. 지하철 광고판에 임상시험 참가자 모집 공고를 본 적이 있는가. 참가자는 병원에서 동의서를 작성하고 약물이나 의료기기 임상 시험에 참가한다. 이런 데이터는 병원에서만 모을 수 있다. 톱 다운(Top Dowm) 방식이다.

디지털 디바이스의 발전으로 바텀 업(Bottom Up) 방식이 가능해졌다. 많은 사람들의 모든 데이터를 모으고 의미를 찾는 방식이다. 디지털 기술로 개인 건강 정보를 모으면 국회 도서관이 꽉 차버

릴 정도로, 방대한 분량의 정보가 모일 것이다. 이 정보를 취합하고 분석해서 건강관리와 질병의 예방과 치료에 가치 있는 '뭔가'를 찾을 수 있다. 이는 데이터를 측정하는 기술과 통합하는 플랫폼(통신 기술, 클라우드) 그리고 인공지능(데이터 분석)이 있어 가능하다.

모든 데이터를 모아 연구하는 대표주자는 구글(알파벳)이다. 구글은 인간의 건강을 정의하겠다는 목표로 '베이스라인 프로젝트(Baseline Project)'를 시작했다. 의학 연구는 질병에 걸린 건강하지 않은 상태를 대상으로 한다. 구글은 무엇이 정상인지, 즉 건강의 기준 베이스 라인을 재정의 하겠다는 것이다. 바람직한 방향이다. 나도 의과대학에서 해부학, 생리/생화학, 병리학, 약리학의 순서로 배웠다. 인체의 구조와 작동 기전, 질병의 상태와 약물치료. 이 순서가 올바른 방법이다.

구글은 생명과학 자회사인 '베릴리(Verily)'에서 진행하며, 4년간 1만 명 이상의 개인 건강을 추적 관찰하며 데이터를 축적하고 있다. 심박 수, 수면 패턴, 유전정보, 가족력, 혈액, 소변 검사 등을 측정한다. 웨어러블의 치명적 문제인 지속사용성 문제를 위해 주 1회 충전과 데이터 전송 시스템을 만들었다. 앞에서 말한 대로 건강을 정의하면, 건강하지 못한 상태를 쉽게 파악할 수 있고 질병의 발생 기전과 치료까지 도움을 받을 것이다.

국가 차원의 연구도 있는데, 미국은 'All of Us 프로젝트'를 한다. 100만 이상의 미국인들이 자발적으로 본인의 진료기록, 가족력, 유전정보, 혈액검사, 영상검사 그리고 웨어러블 디바이스로 데이터를 수집했다. 추가적으로 보험사 청구 데이터, 날씨 같은 환경 요인, SNS 데이터까지 추가할 예정이다. 대규모 모집단으로 연구하면 연구 편중(Bias)을 줄일 수 있다. 특히 다양한 민족으로 구성된 미국은 그동안 소외되었던 소수 인종의 참여를 유도하고 있다.

국가 기관과 병원, 제약사, 의료기기 회사, 참여하는 개인 등 일사분란하게 참여해야 가능하다. 만약 한국에서 이런 프로젝트를 기획한다면 어떻게 될까. 개인정보보호법 등 민감한 사항과 이해관계자의 조율이 가능할지 의문이다. 애초에 논의를 시작하기도 쉽지 않을 것이다. 다양한 의견을 취합해 커다란 공감대를 만들어야 한국에서 진정한 디지털 헬스케어가 가능할 것이다.

과거의 의학은 기술적 한계로 평균치를 연구했다. 건강 정보는 평균적인 값을 바탕으로 고려했고 제약회사의 약도 평균적인 사람을 대상으로 했다. 기술적 제약에서 가장 합리적인 방식을 택한 것이지만 디지털 기술이 널리 보급된 시대에 기존의 의료를 주장할 근거는 약해 보인다. 디지털 의료를 받아들이면 건강보험 국가 재정과 보험사 지출을 줄이면서 개인의 건강을 지킬 수 있다. 정부와 병의원, 제약회사, 의료기기 회사, 보험사는 어떤 입장을 취해야 할까.

나는 공대를 중퇴하고 의대에 입학했다. 공학을 자세히 알지는 못하지만 기술의 발전이 사람의 삶을 어떻게 바꾸는지는 일상으로 경험하고 있다. 그런 기술이 의료에도 도입되려 한다. 그러나 이해관계의 충돌과 각종 규제로 막혀있음을 안다. 디지털 헬스케어는 국가와 보험회사의 재정을 줄이고 국민 건강에 이바지할 수 있으며 K-방역으로 유명해진 한국이 세계 시장에 진출할 수 있는 산업이다.

나는 대한디지털헬스케어연구회를 만들어 의사와 제약회사, 보험사, 시민단체 등과 연구를 진행하고 디지털 헬스케어가 한국에 정착하는데 일조하려 한다. 재능은 없지만 열정으로 노력하면 마중물 역할은 충분히 할 것이라 생각한다.

"디지털 헬스케어는
모든 기술에 영혼을 불어넣는다"

- 노동훈 (1976 ~)

디지털 헬스케어 시대
원격의료 허황된 꿈일까

2007년 겨울 충북 청주의 개인 의원에서 야간진료를 했다. 아침 6시 경찰이 찾아와 내가 의사가 맞는지 이름과 신분을 확인하고 돌아갔다. 4시간 전 복통으로 내원한 10세 남아가 충북대학병원 응급실에서 사망했다는 것이다. 충격을 받은 나는 의무기록을 뒤져 진료 과정에 놓친 것은 없는지 기억을 되돌려봤다. 자녀를 잃은 부모의 심정을 이해하기에 그분들의 욕설과 폭력을 받아들일 수밖에 없었다.

얼마 후 부검 결과, 심장을 먹여 살리는 관상동맥 중 가장 중요한 좌전하행 동맥(Lt. Anterior descending Artery)의 주행 이상으로, 즉 급성 심근경색으로 사인이 밝혀졌다. 이후에도 자녀를 잃은 부모는 계속 전화해서 항의했지만, 묵묵히 듣기만 했다. 복통으로 내원한 10세 아이에게 급성 심근경색으로 사망할 것을 예측할 의사는 아무도 없다. 만약 아이가 스마트워치를 착용해 부정맥이나 심장이상 신호를 조기에 확인했다면 나도 형사재판 법정에 설 일은 없었을 것이다. 너무 슬펐다.

디지털 헬스케어의 가치와 유용성은 생각보다 넓고 방대하다. 그리고 디지털 헬스케어는 다양한 분야를 포함한다. 그러나 디지털 헬스케어가 어떤 의미인지 잘 아는 사람은 적다. 누군가는 디지털 헬스케어를 원격의료(진료)라 생각한다. 디지털 헬스케어에 원격의료도 포함될 수 있다. 기존엔 병원에서 의사를 만나야 가능했던 진료를 통신기술을 활용해 가능해진 것이다. 디지털 헬스케어 분야의 선구자인 최윤섭 박사의 정의를 보자.

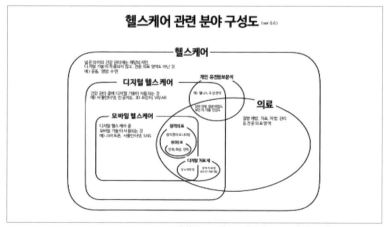

출처: https://www.slideshare.net/pelexus/ss-154420693

원격의료(Telemedicine)는 통신기술의 발달로 가능해졌다. 원격의료는 통신 기술을 이용해 먼거리의 환자를 진단하고 처방하는 것이며, 원격진료는 전화, 문자, 이메일, 영상 통화 등으로 진료하는 것으로 원격의료에 속하는 개념이다 여기에 사진을 전송해서 의사의 소견을 받거나 원격 문진으로 약을 배송 받는 것까지 포함된다. 2가지 개념을 분명하게 구분할 필요는 없으니 차이점이 있다는 정도만 알면 된다.

원격의료는 만성질환자의 모니터링에 도움이 된다. 고혈압, 당뇨, 천식, 심장질환 등 만성질환을 효율적으로 관리해 질병관리와 삶의 질 향상에 도움이 된다. 모니터링 디바이스는 스마트폰, 웨어러블, 사물인터넷 센서, 전기차 등으로 가능하며, 호흡기 질환, 심혈관계 질환, 대사 질환, 체중관리 등 다양한 분야에 적용 가능하다. 아직은 초기 단계로 정보의 정확성 문제와 비용 문제를 해결해야 한다.

미국은 1990년대부터 원격의료가 활성화되었다. 미국의 의료 접근성은 심각하다. 미국 대도시에서 초진 진료를 예약하고 의사를 만나려면 평균 24일이 걸리며 보스턴은 52일을 기다려야 한다. 한국 의료에서는 상상도 할 수 없는 일이다. 그래서 미국은 응급실 방문 빈도가 높은 편이다. 미국에서 정규직으로 취직하면 의료보험에 가입되고 회사에서 지불하는 의료비도 꽤 비싸다. GM이 직원 의료보험 지출로 힘들다는 기사를 본 적이 있다.

미국 의료 환경에서 원격의료는 매력적으로 다가온다. 시간과 공간의 제약 없이 의료 접근성을 높인다. 텔라닥의 핵심가치는 10분 이내에 의사를 만나게 하겠다는 것이다. 대면진료로 20일을 기다리는 것보다 전화나 영상통화 등으로 10분 내에 원격진료를 보는 것을 선호한다. 텔라닥의 발표에 따르면 6년간 환자의 만족도는 95%를 넘는다. 텔라닥의 진료 수는 매년 폭발적으로 성장하고 매출 역시 빠르게 성장한다.

스마트폰 케이스에서 심전도를 측정하는 '얼라이브코어(AliveCor)'는 심전도 데이터를 심장내과 전문의에게 전송하여 원격 진단을 받을 수 있다. 스마트폰 카메라에 렌즈를 달아 동영상을 보내면 진단을 받을 수 있는 '셀스코프(CellScope)'도 있다. 스마트폰 카메라로 피부를 촬영해 진단을 받는 '퍼스트덤(First-Derm)'도 있다. 병원을 방문해 진료 받는 것보다 정확도는 낮을 수 있지만 시간과 비용을 획기적으로 낮췄다. 실제 사용자의 만족도도 높다.

내 아버지는 폐암과 폐섬유증을 진단 받으셨다. 다른 병원에서 같은 검사를 하셨고 두 병원의 소견이 일치하자 적극적인 치료에 나섰다. 우리는 중대한 질병을 받으면 다른 병원에서 검사를 받아보라고 한다. 이와 유사한 원격진료 서비스가 있다. 한 명의 의사에게 받은 진단 결과가 명확치 않거나 희귀질환, 위험이 큰 수술을 할 때는 다른 의사의 소견을 듣는 것이다. 환자는 정확한 진단과 다양한 치료 옵션을 선택할 수 있다.

환자는 진료기록, 영상, 의료 데이터, 병리 사진 등을 애플리케이션으로 다른 병원에 전송하고 의료진의 의견을 들을 수 있다. '클리블랜드 클리닉', '매사추세츠 종합병원' 등에서 근무하는 의사로 구성된 '베스트 닥터스(Best Doctors)', '세컨드 오피니언 엑스퍼트 (Second Opinion Expert)'가 있다. 환자의 불안을 잠재우고, 보험사의 비용을 절감하는 등 이해관계가 맞아 확대될 것으로 예상된다.[8]

미국에서 활성화된 원격 진료는 진단을 쉽게 하는데 이후 처방 문제가 있다. 그래서 의약품을 배송하는 모델이 있다. '온디맨드 처방

---

8) https://www.youtube.com/watch?v=qMTHbq3tHFA

(On Demand Prescription)'인데 환자가 애플리케이션 설문지에 자신의 데이터를 입력하면 의사가 검토하여 약을 처방한다. 주로 피임, 발기부전, 탈모, 여드름, 금연, 요로감염에 대한 원격진단과 처방을 한다. 복잡한 질환이나 신체검사가 필요한 질환은 제외된다.

온디맨드 처방은 환자의 민망함을 덜어주는 분야에도 적용된다. 발기부전 처방에 많이 사용되는데 서울 고속버스 터미널 화장실을 생각하면 된다. 정체를 알 수 없는 비아그라 광고가 넘쳐난다. 탈모나 피임약도 유사하다. 온디맨드 원격 처방은 환자의 심리적 부담감을 줄여준다. 미국 원격의료의 환자 만족도는 높고, 의료 비용도 줄였다는 보고가 있다. 미국 정부는 제도적으로 원격의료를 장려한다. 특정 환자에게 원격의료를 선택할 수 있는 '만성질환 관리법'이 상원을 통과했다. 한국에서 온디맨드 처방은 가능할까. 불법이다. 원격 진료가 불법이고 우편을 통한 의약품 배송도 약사법 위반이다. 한국 의료의 특수성을 보자.

원격의료가 금지된 나라는 한국이 유일하다. 미국, 유럽, 중국, 일본 등 세계적으로 원격의료 수요가 증가하는데 한국은 전면 금지일까. 기득권인 의사는 왜 원격의료를 반대할까. 원격의료란 말만 나오면 의료계는 강력 반대하며 정부와 시민단체, 정치권에서 이해관계를 조절하기 어렵다. 아니 불가능하다. 이런 논란은 한국 의료 시장의 특수성에서 기인한다.

국내에서도 원격 환자 모니터링을 요구하는 소리가 있다. 대한부정맥학회는 삽입형 제세동기(ICD)의 원격 모니터링을 허용해 달라고 한다. 부정맥 환자의 심장 이상을 의료진에게 알리는데, 국내에서는 불법이라 알림 기능을 끄고 사용한다. 가정용 복막투석기에 원격 모니터링 기능이 있지만 국내에선 꺼놓고 사용한다. 외국에선 잘 사용하는 기능이 국내에 들어오면 먹통이 된다. 가장 큰 피해자는 환자다.

한국의 원격의료가 어려운 이유는 낮은 수익성 때문이다. 의사가 3분 진료와 비급여 진료를 권하는 이유는 의사가 비양심적이라 그런 것이 아니다. 내가 운영하는 병원의 외래 초진과 재진료는 6,368원과 4,612원이며 공단 청구금은 9,552원과 6,918원(2020년)이다. 한국의 건강보험은 단일 의료보험 제도이며 당연지정제로 모든 의료행위 가격을 정부에서 정한다. 게다가 요양병원은 포괄수가제로 묶여서 치료 수준을 낮춰야 병원이 수익을 낼 수 있다.

한국에서 원격의료를 하면 낮은 의료 수가를 병원과 원격의료 회사와 나눠가져야 한다. 삼성을 포함한 대기업에서 의료시장 진출을 고려하는 것으로 아는데 대기업의 의료시장 진출은 다른 수익성을 추구할 것이다. 대기업은 영리법인 병원을 고려할 것이다. 그리고 미국과 달리 한국에서 의사를 만나기는 쉽다. 동네에서 전문의를 즉시 만날 수 있다.

의사를 쉽게 만나기 어려운 산간 및 격오지에 원격의료를 한다면 의약품 배송도 고려해야 한다. 의약품 배송도 불법이니 한국에서 원격의료를 풀려면 넘어야 할 산이 많다. 하지만 해외 시장은 다르다. 아마존은 2018년 의약품 배송 스타트업 필팩을 1조에 인수했고 알리바바도 의약품 배송업에 진출했다.

한국에서 원격의료를 한다면, 의사의 불안을 잠재워야 한다. 복통으로 원격진료를 받은 환자가 맹장염이나 복막염으로 진행되었다면 의사는 의료소송에 걸릴 것이다. 영상의학과 전문의가 초음파 검사를 해도 맹장염을 100% 진단할 수는 없다. 맹장염의 진행 과정과 초음파 검사의 한계 때문이다. 의료 사고가 생기면 책임 문제가 생기는데 의료 수가에 비해 패널티가 과하기 때문에 의사는 반대한다.

의사로서 더 심각한 문제는 진료 주도권을 빼앗긴다는 것이다. 헬스케어 시장에 진출한 대기업이 수익을 위해 의사의 진료권을 침해할 가능성이 많다. 보건복지부에서 사무장 병원을 없애는 이유와 같다. 의료에 대한 개념이 낮은 사무장이 수익을 위해 불필요한 검사와 진료를 강행하기에 그 피해는 환자에게 돌아간다. 그래서 사무장 병원을 처벌하는 것이다. 원격진료가 시행되면 이와 유사한 문제가 생길 것이다.

또한 대기업에서 의료시장의 주도권을 가질 것이란 불안감이 있다. 롯데가 보바스 기념병원을 인수했을 때 나를 포함한 대한 요양병원협회 이사들은 대기업이 요양병원에 진출하는 것이 아닌가 하는 불안감이 있었다. 대기업이 진출해 제대로 된 병원을 운영하면 좋지만 한국의 의료 현실상 수익을 위한 대기업의 선택지는 많지 않다. 앞에서 언급한 영리병원이 언급될 가능성이 있다. 제주의 영리병원이 허가취소 되었다.

그러나 디지털 헬스케어는 이미 우리 곁에 있다. 한국은 세계에서 가장 빠른 고령화 진행 국가이며 2018년 고령사회(65세 이상 인구가 14% 이상)로 진입했다. 인구 고령화에 따라 당뇨, 고혈압 등 만성질환이 급증했고 노인의료비가 폭증하고 있다. 건강한 노년과 의료비 절감을 위해 디지털 헬스케어 기술이 필요하다. 고령자에도 보급된 스마트폰과 애플리케이션 등 정보통신기술(ICT)을 활용해 건강 관리를 할 필요성이 높아진 것이다.

코로나19로 비대면 건강관리 서비스 요구가 많아졌다. 한국 건강증진 개발원의 디지털 헬스케어 사업에는 보건소 모바일 헬스케어, 인공지능(AI), 사물인터넷(IoT)을 활용한 어르신 방문 건강관리 사업이 있다. 2016년부터 건강 위험요인이 있는 성인 대상으로 스마트폰 모바일 앱을 통해 보건소 내 전문팀이 정보통신기술(ICT)을 활용해 온라인으로 영양, 운동 등 개인 맞춤형 건강 상담을 제공한다. 지난 7월 한국형 뉴딜, 디지털 뉴딜에 선정되었다. 정부 차원의 디지털 헬스케어 정책이 추진되는 것이다.

디지털 헬스케어 생태계의 필요성을 인식하고 많은 연구와 사업이 진행되고 있다. 경제신문 지면에서 성공적인 사례와 스타트업의 창업 소식도 들린다. 정부도 예산 지원 등으로 힘을 실어주고 있다. 여기에 성공적인 K-방역, K-진단으로 전 세계에서 각광받는 지금 K-디지털 헬스케어를 잘 연구하고 실행하여 국민 건강 증진 뿐 아니라 보건의료 산업이 경제 활성화 및 미래 먹거리 산업이 될 것이라 확신한다.

전기차는 모든 것을 알고 있다

테슬라는 전기차, 소프트웨어, 에너지 저장 장치를 만드는 미국 기업이다. 2010년 테슬라는 도요타와 제휴하여 개발/생산 기술 제휴를 받은 적이 있다. 쉽게 말해 도요타가 테슬라에게 한 수 가르쳐준 것이다. 2020년 테슬라의 시가 총액은 전 세계 자동차 1~6위 시가총액과 같았고 애플, 마이크로소프트, 아마존, 구글, 페이스북, 버크셔헤서웨이에 이어 7위 기업이 되었다. 테슬라는 자동차 전문기업이 아니다. 테슬라는 혁신의 대명사다.

테슬라 전기 자동차를 말하는 이유가 있다. 헬스케어 측면에서 전기차는 웨어러블의 지속 사용성을 높이는 해결책이 될 수 있다. 전기차의 안전벨트나 핸들의 센서로 매일 같은 시간대의 생체 신호를 측정할 것이다. 출퇴근길에서 동일한 상황과 조건하에 데이터를 측정하고 스마트폰으로 전송할 수 있다. 이로써 기존에 얻지 못했던 새로운 종류의 데이터로 운전자의 건강을 증진할 것이다. 전기차에 대해 좀 더 알아보자.

전기차는 내연기관차보다 오래되었다. 무궁무진한 부존자원인 석유의 존재가 드러나며 내연기관차가 보급되었다. 약 20년 전부터 전기차 기술 수준이 높아지고 배터리에 전기 에너지를 충전시키고 모터를 이용하는 기술적 완성도가 높아졌다. 테슬라는 전문 자동차 제조사는 아니지만 전기차 혁명의 아이콘이다. 로이터 통신은 '테슬라가 도요타, 폭스바겐, GM보다 자동차 생산량은 적지만 세상에서 가장 가치 있는 자동차 회사가 됐다'고 보도했다.

2021년부터 전기차 전용 플랫폼을 만들어 배터리와 모터를 아래로 내리면 무게중심이 내려가 승차감이 향상되며, 실내 공간이 넓어진다. 배터리 용량 개선과 전기 배선의 70~80%가 줄면 전기차 가격이 내려갈 전망이다. 한 번 충전에 500km이상 주행할 수 있고, 충전 인프라를 확충하고 있다. 대량생산과 가격인하 요인이 생기면 내연기관 자동차와 가격 경쟁력을 갖출 것이다.

테슬라 전기차를 타면 태블릿 PC가 있고, IT 기술을 활용한 자율주행이 가능하다. 자율주행은 센서, 카메라, 5G, 고해상도 GPS 알고리즘을 풀어야 하며, 전기 에너지가 필요하다. 기존 내연기관 자동차의 배터리는 12V로 자율주행 등 기능을 하기에 전기 에너지가 모자란다. 그래서 전기차와 자율 주행차는 4촌이라 보면 된다. 전기차는 도로를 달리는 스마트폰 혹은 스마트폰을 타고 달린다고 생각하면 된다.

2020년 7월까지 현대 자동차는 6만707대의 전기차를 판매했고 판매량은 세계 4위다. 이는 전년도 같은 기간(4만8천570대) 대비 25% 늘어난 규모다. 테슬라(19만1천971대), 르노닛산그룹(8만6천189대), 폭스바겐(7만5천228대)의 판매량이 현대기아차를 앞섰다. 중국 비야디(BYD)는 4만2천340대로 5위에 올랐다. 한편 현대기아차는 수소전기차 시장에서 2천879대를 판매해 글로벌 1위를 차지했다. 지난해 대비 59% 급등한 수치다. 도요타(439대)와 혼다(134대)가 뒤를 이었다.

인공지능이 장착된 전기차를 생각해 본 적 있는가. 그렇다면 '전격Z작전'(1982년 미국 NBC TV 시리즈로 원제는 Night Rider)을 떠올리면 된다. 주인공은 손목에 찬 시계로 키트(자동차 애칭)와 통신하고 농담을 주고받을 수 있다. 키트는 자체 상황판단이 가능한 인공지능이 탑재되어 독립 자율주행이 가능하다. 현재 수준의 인공지능으로 독립적인 판단과 자율주행은 어렵지만 멀지않은 미래에 가능할 것으로 예상된다. 그렇다면 자동차는 우리에게 어떤 의미를 가질까.

글로벌 자동차 제조사도 디지털 헬스케어에 진출하려는 움직임을 보이고 있다. 택시, 버스, 산업용 트럭 기사 등 자동차에서 오랜 시간을 보내는 운전자에게 높은 가치를 보인다. 예를 들어 운전자의 호흡을 측정하여 음주 여부를 측정하거나 카메라로 동공이나 눈꺼풀의 움직임을 관찰해 졸음운전을 파악할 수 있다. 벤츠를 장시간 운전하면 계기판에 커피 잔 모양이 뜬다. 평소 운전패턴과 다르면 운전자에게 커피 한잔하며 쉬라는 신호다. 미래 전기차는 운전자의 안전도 책임질 것이다.

자율주행 전기차는 단순한 이동수단을 넘어 생활공간이 될 것이다. 전기차에 경유지와 목적지를 설정하면 최적의 코스를 운행한다. 배터리와 모터를 바닥에 설치해 내연기관차가 따라올 수 없는 넓은 실내 공간을 얻을 수 있다. 인공지능은 스케줄을 알려주거나 뉴스를 읽어줄 것이다. 원적외선이 나오는 안마의자에 몸을 맡기고 휴식을 취하거나 천장을 활용해 넷플릭스 영화를 볼 것이다. 전기차 센서는 탑승자의 생체 신호를 수집한다. 키트(K.I.I.T)의 주인이 된 것을 상상해보라.

아직은 전기차가 넘어야 할 과제가 많다. 그러나 현재 1년은 과거 10년보다 변화가 빠르다. 전기차는 웨어러블의 지속 사용성을 해결할 수 있다. 핏빗의 액티브 사용자는 3개월에 한 번 이상의 사용을 의미하는데 전기차는 높은 빈도로 사용해 웨어러블의 단점을 보완할 수 있다. 헬스케어 디바이스에 전기차를 웨어러블로 활용하고, 스마트폰과 연계한다면 운전자의 안전과 건강에 의미 있는 정보를 제공할 것이다. 새로운 전기 자동차는 헬스케어 기능이 추가될 것이며 운전자의 건강을 지키는 파트너가 될 것이다.

3장

주목받는
K-디지털
헬스케어의 분야

한국 디지털 헬스케어 시장은 어떤가

평균수명과 생활수준이 높아지면서 헬스케어 시장은 발전할 것이다. 여기에 디지털 기술 융합으로 의료 산업에 큰 변화가 생겼다. 하지만 한국은 세계적인 디지털 헬스케어 시장에 동참하지 못했다. 심지어 한국에 디지털 헬스케어 산업이 존재하는 것조차 모르는 사람이 많다. 특정 산업의 생태계가 꾸려지기 위해서는 일정 규모의 기업이 존재해야 하고 활발한 활동이 이뤄져 고객에게 유의미한 가치를 제공해야 한다.

그러나 2018년 KPMG가 진행한 연구 결과에는 글로벌 디지털 헬스케어 부분 100대 기업 가운데 국내 스타트업은 한 곳도 없었다. 심지어 2019년 기준 전 세계 기업가치 10억 달러 이상의 유니콘 디지털 헬스케어 스타트업이 38개가 있는 것으로 밝혀졌으나 한국은 단 한곳도 없다. 이런 이유에는 한국만의 특수한 의료 시스템과 작은 시장 크기 그리고 높은 의료 규제가 있다.

디지털 헬스케어 시장에 안착하기 위해선 다음과 같은 단계를 뚫어야 한다.

1. 임상시험 결과를 바탕으로 인허가(안정성, 유효성 등)를 통과해야 한다.
2. 보험코드 획득과 급여 등재가 필요하다.
3. 의료기기 품질관리심사(GMP) 인증을 받고, 검증된 곳에서 생산해야 한다.
4. 유통 체계를 만들어야 한다. 초기 스타트업에겐 풀기 어려운 문제다.
5. 환우회와 병원, 의사 집단, 각종 의학회와 질병관리 위원회.
6. 위 단계를 모두 마친 후 시장의 경쟁이 남아 있다.

디지털 헬스케어를 포함한 의료산업은 근본적으로 규제가 심할 수밖에 없다. 사람의 생명과 건강에 직결되기 때문이다. 그래서 국가의 의료산업 수준은 규제 수준으로 수렴한다. 대부분의 나라가 그렇다. 이런 악조건 속에서도, 기술의 발전으로 디지털 헬스케어 시장은 점점 커질 것이다. 새로운 혁신을 규제로만 막을 수 없고, 의료 소비자와 의료 공급자의 영향도 커질 것이기 때문이다.

대안을 찾아보면 디지털 헬스케어에 대한 투자를 확대해 시장을 넓혀야 한다. 애플이나 구글 같은 대기업의 진출이 필요하다. 한국의 대기업도 디지털 헬스케어에 뛰어들었다. 대기업은 제조, 제약, 보험, 상거래, 식자재 등 무엇을 해야 할지 고민하고 있다. 몇몇 선도적인 헬스케어 스타트업 중심으로 성과가 나오고 있지만 시장에 안착할지는 미지수인 경우가 많다. 혁신적인 분야일수록 어떤 위험이 도사릴지 모르기 때문이다.

네이버는 일본 자회사 라인을 통해 라인닥터를 론칭했고, 앱으로 병원예약과 결제를 한 번에 하고 의사와 영상통화로 진료한다. 중국도 알리페이와 바이두가 힘을 합쳐 온라인 의사 상담 플랫폼을 구축했다. 네이버는 한국보다 규제가 덜한 일본에서 원격의료 사업 진출 가능성을 타진 후 국내 규제가 풀리면 사업에 착수할 가능성이 있다. 네이버는 '나군호' 연세대 교수를 융복합의료센터장으로 임명했다. 국내 IT 업계에서 의사를 임원급으로 채용하는 것은 드문 일이라 향후 행보가 주목된다.

디지털 헬스케어 시장에 대한 중요성은 인지했지만 무엇을 할지 모른다면 구글의 행보를 보라. 구글은 디지털 헬스케어 시장에서 전방위적으로 과감한 시도를 한다. 구글은 자회사인 버릴리, 칼리코, 구글X, 딥마인드, 구글벤처스 등을 설립하고 전자의무기록 분석, 인공지능, 유방암 및 전립선암 병리 인공지능, 안과 인공지능, 스마트 콘텍트 렌즈, 자동 수술 로봇, 베이스라인 프로젝트, 노화 연구 등을 하고 있다. 특히, 구글 벤처스는 가장 활발하게 투자하는 벤처 캐피탈 중 하나로 꼽힌다.

구글은 거대한 기업이지만 구글이라고 돈과 시간이 남지는 않을 것이다. 그럼에도 구글은 디지털 헬스케어 시장의 많은 분야에 투자한다. 디지털 헬스케어는 언제 어디서 어떻게 기회를 잡을지 예측할 수 없기 때문이다. 구글도 디지털 헬스케어가 미래 의료의 큰 축이 될 것이란 믿음으로 다양한 시도를 하고 있다. 빠르게 변화하는 디지털 헬스케어 시장을 고려하면, 벤처기업이 낮은 리스크와 투자 대비 더 높은 효과를 기대할 수 있다. 스타트업은 견고한 대기업과는 달리 유연하고 과감한 대응이 가능하기 때문이다.

한국의 대기업은 구글처럼 시간과 자원 낭비에 겁먹지 말고 실패에 대한 리스크를 무릅쓰더라도 디지털 헬스케어 시장에 의지를 가졌으면 한다. 한국 의료는 하나의 건강보험 제도, 의료보험 당연지정제, 무너진 의료전달체계, 특유의 포지티브 규제 등이 뒤섞인 특수한 시장이라 글로벌한 디지털 헬스케어 시장과 거리가 멀어지고 있다. 한국만의 특수성을 충분히 감안하고 현명한 선택지를 골라야 할 것이다. 정부도 관심을 갖고 불필요한 규제를 풀어 미래 먹거리인 디지털 헬스케어를 도와야 한다.

미국은 디지털 헬스케어 관리 부서를 신규 설립했다. FDA가 내놓은 '디지털 헬스 이노베이션 액션 플랜'에 따른 사전 인증제도가 대표적이다. 2017년 11월 FDA는 Pre-Certification 즉 '사전에 자격을 부여 한다'는 제도를 도입했다. 이는 일정 조건을 갖춘 기업에 사전 자격을 부여하고 별도의 인허가 과정 없이 혹은 간소한 과정으로 출시

출처: https://www.slideshare.net/NAVER_D2SF/naver-d2sftms2019-193108008

하는 것이다. 삼성, 애플, 구글(버빌리), 존슨앤존슨, 핏빗 등 9개 기업이 참여한다. 획기적 의료기기 프로그램(Break-through Devices Program), 공보험 병행검토제도(Parallel Review with CMS)도 있다.

한국은 디지털 헬스케어는 규제 개선이나 국제사회와의 동조화가 미진하다. 한국형 Pre-Cert를 만들기 위한 논의가 진행되어도 FDA와 같은 디지털 헬스케어의 혁신이나 방향성에 대한 심도 깊은 이해와 고민이 부족해 보인다. 해외의 많은 디지털 헬스케어 혁신 사례들이 한국에서 불법인 것이 증거다. 한국에서 원격진료는 불법이며 원격 환자 모니터링, 의약품 배송 검사 등 해외에서 성공적으로 운영되는 디지털 헬스케어 사업도 불법인 경우가 많다.

세계적인 디지털 헬스케어 행보에 참여하기 위해 정부는 한국에서 디지털 헬스케어 유니콘 기업을 20개까지 키우겠다는 목표를 제시했다. 정부의 계획대로 진행되기를 바라지만 이런 식으로 성공한 사례는 전무하다. 혁신은 새로운 아이디어를 마음껏 펼칠 수 있는 여건이 필요하며 성공했을 때 달콤한 열매가 있어야 도전자가 생긴다. 안타깝게도 한국의 의료시장은 저수가로 수익성이 매우 낮다. 혁신 과정도 험난하고, 혁신에 성공해도 사업화해서 수익을 보장받기 어렵다. 그러나, 디지털 헬스케어의 당위성은 분명하다.

예를 들어 비뇨의학과를 전공할 때 요류 검사를 한다. 환자는 병원에서 물을 마시고 소변을 참은 뒤 기계에 배뇨하고 결과를 확인한다. 노인 환자들이 많아 소변 실수를 하는 분들도 많았다. 국내 스타트업인 '사운더블 헬스'는 스마트폰 마이크를 통해 소변보는 소리를 분석해 요류 검사를 한다. 물론 비뇨의학과에서 실시하는 요류 검사보다 정확도가 떨어지지만, 집에서 마음 편하게 검사할 수 있다는 장점을 지

출처: 사운더블 헬스

니고 있다. 혁신을 막기만 할 것인가, 아니면 과감한 개혁을 할 것인가.

한의학과 디지털 헬스케어 사례

"몸이 가진 최고의 무기 '면역력'을 향상시켜 코로나 19에 맞서자!"

홍삼을 비롯한 건강 기능식품이 신문 전면 광고를 차지한다. 건강에 관심이 많은 국민들도 면역력 향상 및 기력 보강과 체력 증진에 도움이 되는 보약이나 건강 기능식품에 대한 선호가 높아지고 있다. 특히 평균 수명이 늘어남에 따라 단순히 오래 사는 것보다 건강하고 아름다운 노후를 즐기는 것에 초점이 맞춰지면서 건강에 투자하는 사람이 꾸준히 늘어나고 있다.

한의학으로 대표되는 동양의 전통의학은 통계나 객관적인 데이터는 부족하지만 시간의 힘을 이겨내고 전해지는 의술이다. 동의보감을 무조건 신봉할 수는 없지만 동의보감의 의학 철학은 지금도 유효하다. 허준은 말했다. "지금의 의사는 사람의 병만 다스리고 마음은 고칠 줄 모르니, 이는 근본을 버리고 말단만 쫓는 격이며 그 근원은 캐지 않고 말류만 손질하는 것이다". 우리는 '아직 생기지 않은 병을 미리 다스린다'는 개념에 집중할 필요가 있다.

학문은 기초와 응용학문이 있다. 고대 그리스 철학자는 수학자이며 사상가이다. 학교에서 배우는 수학, 물리, 화학 등이 바탕이 되어 공학이 나오고, 해부학, 생리학, 생화학, 병리학, 약리학이 발전해 의학이 발전한 것이다. 유교를 지배이념으로 받아들인 조선은 안타깝게도 기초과학의 발달이 없었다. 바늘도 만들지 못해 수입했다는 기록이 있다. 그러니 허준의 동의보감에서 현대의학을 능가할 부분을 찾기는 어려울 것이다.

나는 어렸을 때 경북 고령의 외할머니 댁에서 살았다. 외할머니 집은 버스에서 내려서 40분 정도 걸어가야 있는 시골이었다. 기와집에 본채가 있고 사랑채가 별도로 있었고 뒷간은 마당 건너에 있었다. 1980년대 초반 시골의 삶과 1900년대 조선을 비교해보면 어디의 생활수준이 높았을까. 마찬가지로 허준이 살던 조선 중기는 과학이나 위생에 대한 개념이 없었고 미생물과 감염에 대한 개념도 없었다. 의학은 당대의 과학 수준을 넘을 수 없다.

현대의학도 과학의 발전에 맞춰 개선되었다. 서구 17세기 중반의 근대 과학 시대에도 자연 발생설이 지지 받았다. 당시 과학자들이 자연 발생설을 지지했던 이유는 나름의 실험과정을 통해 입증되었기 때문이다. 17세기, 벨기에의 연금술사이자 의사인 '헬몬트'의 실험〈쥐는 자연 발생하는가?)을 보자. 헬몬트는 땀으로 더러워진 옷에 기름, 우유, 쌀가루를 뿌리고 그 옷을 항아리에 넣고 창고에 두었다. 다음 날 창고 문을 연 헬몬트는 창고 안에서 쥐를 발견했다. 헬몬트는 확신했다. '쥐가 자연 발생했구나. 역시 아리스토텔레스가 맞았어!'라고.

19세기 미생물학자 파스퇴르는 백조 목 플라스크 실험으로 자연발생설을 종식시켰다. 스프를 플라스크에 넣고 가열해서 미생물을 살균한다. 플라스크의 목 부분을 불에 가열해 S자 형태의 유리관 모양으로 만들어 공기는 들어오지만 미생물은 못 들어오게 한다. 미생물이 생기는지를 관찰한다. 살균 처리하지 않은 백조목 플라스크는 미생물이 생겼지만 살균처리 후에는 미생물이 생기지 않았다. 살균처리 했더라도 S자 관을 제거하니 미생물이 생겼다. 이로써 자연 발생설은 부정되었다.

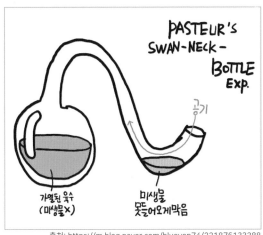

출처: https://m.blog.naver.com/blueven74/221876133288

이런 과정을 겪으면서 현대 의학은 미생물, 세균, 바이러스 등의 존재를 알게 되었고, 감염 관리부터 항생제의 연구, 치료약의 개발과 보급, 새로운 진단법과 수술법을 연구했다. 현대의학이 발전하기 전에도 서양은 동맥과 정맥의 혈관 존재를 알고 있었다. 한의학에서 기와 혈 특히 기가 흐르는 관(의과대학 수업시간에 들었다)이 있다는 말을 들었다. 그러나 기가 흐르는 관의 실체는 아직도 밝혀지지 않았고 동맥과 정맥 혈관을 말하는 한의사는 한 번도 본적이 없다.

지금은 글로벌 시대, 지구촌 시대로 현대의학이 존재할 뿐이다. 한의사들이 말했던 '양의사'나 '양방'이란 말은 구한말 서구 세력을 경시하는 느낌이 들어 나로서는 거부감이 든다. 최근엔 양의사, 양방이란 말을 적게 듣는 것 같아 다행이라 생각한다. 그런데 뜬금없이 면역력에 한의학 얘기라니. 위와 같은 생각을 하지만, 한의학이라고 무조건 배척하거나 과거의 낡은 것이라는 시각은 현명하지 않다고 생각한다.

김재우 의정부 한의사회 회장은 '자신이 치료하는 환자가 자신도 모르는 약(한약)을 복용하는 것을 좋아할 의사는 없다. 한방 치료, 특히 암 치료와 관리에 우리나라는 한약재 처방을 터부시하는 경우가 있는데 이는 의료 제도의 문제라 생각한다. 면허 범위가 나눠졌기 때문이다. 한의사 제도가 없는 일본에서는 의사가 직접 한약재를 처방하는데 2008년 자료에 의하면 83.5%의 의사가 한약을 처방한다. 일본은 의대 교육 과정에서 한의학 교육을 함께하고, 의사 면허를 획득한 이후 한약재의 사용을 즐겨한다'고 했다.

명심보감(明心寶鑑) 孝行篇(효행편)을 보면서 나는 의문점이 있었고 아래에 나의 해결 방법에 대해 설명하겠다.

父兮生我(부혜생아)하시고 母兮鞠我(모혜국아)하시니
哀哀父母(애애부모)여 生我劬勞(생아구로)샷다
欲報深恩(욕보심은)인대 昊天罔極(호천망극)이로다

"아버지 나를 낳으시고 어머니 나를 기르시니,

아아 애닯다 부모님이시어 나를 낳아 기르시느라 애쓰고 수고하셨다.

그 은혜를 갚고자 하나 넓은 하늘처럼 끝이 없어라."

　궁금했다. 생물시간에 성과 생식에 관해 배운 사람이라면 정자와 난자가 수정해 아이가 태어나는데, 명심보감 효행편에서는 '아버지가 나를 낳았다'고 했다. 궁금증을 해소하기 위해 한의학 해부도감을 보니 아래와 같은 그림을 볼 수 있었다. 약간의 충격을 받았는데, 남자의 뇌에서 척추로 내려온 관이 남자의 성기와 연결되어 사정한다고 설명되어 있었다. 조선시대의 과학 수준으로 남자의 사정은 알았겠지만 여자의 배란과 수정, 착상은 몰랐으니 당연한 결과다. 남자의 씨앗(정자)이 여자의 밭(자궁)에서 아이가 태어나니 아버지가 나를 낳았다고 한 것이다. 의학은 당대의 과학 수준을 뛰어넘을 수 없다. 의학은 기초과학에서 잉태된 응용학문이다.

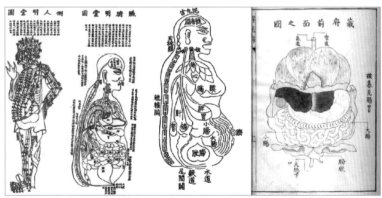

출처: https://nocturnal-landscape.tistory.com/10

　'우리 것이 무조건 좋다는 사고'는 비합리적이다. 유지하고 발전할 것은 그렇게 하고 효과가 없거나 더 좋은 것으로 대체되는 것은 버려야 한다. 내가 의대를 다녔던 경주에는 '○○밭 한의원'이 있는데, 2000년 이후에도 아들과 딸을 골라서 점지하는 한약을 팔았다. 산부인과 실습시간에 보호자에게 들었던 말이다. 나는 귀를 의심했지만 환자는 한의원이 용하다고 말했다. 그렇다고 한의학을 배척하고 버리자는 것은 아니다. 오해하지 않았으면 좋겠다. 합리적 사고를 통해 선별해서 수용하는 자세가 필요하다. 한의학 치료 중 '시간을 이겨내고 전해지는 것'이 있다. 그것을 검증해야 한다.

최근의 코로나19사태는 1918년의 스페인 독감에 비교될 정도로 전세계적으로 유행했고 많은 생명을 앗아갔다. 코로나19가 장기화되면서 사람들은 사회적 거리두기, 손 씻기, 마스크 착용과 외출과 모임 자제 등을 잘 실천하고 있다. 이런 노력에도 겨울이 되면서 3차 유행까지 예상된다. 코로나19시대에 더욱 중요해진 면역력을 어떻게 높일 것인가. 나는 한의학에서도 답을 찾고 싶다.

동양 전통의학이라 경시했던 한의학 약초에서 면역력을 높일 천연물을 찾아보는 것은 어떨까. 현대 의학에서 스티렌정, 오티렌정, 모티리톤정, 조인스정 등 새로운 천연물 치료제가 속속 개발되고 있다. 아직 미지의 영역으로 남아있는 한의학 분야가 있다. 이를 위해 풀어야 할 숙제가 있다. 한약재의 안전성과 효과를 검증하는 것이다.

김재우 의정부 한의사회 회장은 "한약재라는 것은 식품의약품안전처가 관리하는 의약품용 한약재와 농수산물인 식품용 한약재가 있다"면서 "의약품용 한약재는 식품의약품안전처의 hGMP(우수 한약제 제조 및 품질관리 기준)에 따라 철저하게 관리되며, 농약 및 중금속 잔류물 검사 기준이 매우 까다롭다"고 했다. "한약은 한의사가 의약품용 한약재로 처방한 약이며, 대개의 한약과 간 손상 증례들은 이

조건을 충족시키지 못 한다.”고 했다. “일본에서는 감기에 계지탕, 근육이 아프면 갈근탕, 소화가 안 되면 사심탕을 복용하는 것이 자연스럽다“고 한다. “의정부에는 100여 곳의 한의원이 있으며, 실력을 갖춘 한의사들이 시민의 건강보건 향상에 노력하고 있다”고 했다.

출처: http://kjwclinic.com/

대중적으로 널리 알려진 한약은 경옥고, 공진단이 있다. 경옥고(瓊玉膏)는 1회의 고(膏)를 만드는데 상당한 분량의 생지황, 복령, 인삼, 봉밀(꿀)이 필요하고 정성이 많이 들어가는 보약이다. 인삼과 숙지황은 우리 몸을 보강한다. 경옥고는 체질에 관계없이 누구나 복용 가능하며 특히 무기력증, 갱년기, 만성피로 등에 효과적이다. 황실의 명약이라 불리는 공진단(供辰丹)은 원기회복, 보혈작용 등의 효과가 뛰어나며 병이 생기지 않는 효능이 있다고 한다.

하지만 이를 악용한 일부 제조사는 성분이나 함량을 알 수 없는 경옥고와 공진단을 터무니없는 가격에 유통하거나 유사한 상표로 이름만 바꿔 판매하는 사례가 있어 각별한 주의가 필요하다. 이 외에도 농약이나 중금속 관련 이슈가 있지만 국가에서 체계적으로 관리하고 있다. 한의원에서 한의사의 처방을 통해 신뢰할 수 있는 한약재로 만든 약은 신뢰할 수 있다. 최근엔 한의원 내부 탕전실을 대체한 원외 탕전실 제도가 운영되고 있다.

대한 녹용수출입법인(대표 정충묵)은 2015년 우수 한약재 제조관리기준 GMP(Good Manufacturing Practice) 인증을 취득했고 국가 공인 최고 품질의 녹용과 400여 가지 이상의 한약재를 엄격한 품질관리 기준 하에 생산, 공급하고 있다. 2019년 7월 한퓨어 바른 원외 탕전사업으로 확장해 한의사의 처방을 조제, 전탕, 농축 과정으로 한약을 만든다. 한퓨어는 스마트 IT 솔루션인 'SDS시스템 Safety Decocting System (안전조제시스템)'을 도입해 인적 오류 0%를 실현하고 있다. 디지털 기술을 활용해 한약도 신뢰하고 먹을 수 있는 시대가 되었다.

디지털 헬스케어는 IT기반의 다양한 솔루션(인공지능, 빅데이터, 클라우드 컴퓨터, 사물인터넷, 스마트폰 센서 등)을 활용해 의료에 혁신을 일으켰고 건강관리에 드는 비용은 낮추며 효율을 높였다. 전통 한의학 중에서 유효한 것을 계승 발전하는 것은 의사, 한의사의 영역 다툼이 아니라, 국민 건강을 위해 필요하다. 한의사의 처방과 믿을 수 있는 원외탕전실을 이용한다면, 건강에 도움이 된다. 다만, 검증되지 않거나 건강에 도움이 되지 않는 것은 배제해야 한다.

한류어 SDS 시스템 : Safety Decocting System(안전조제시스템)

1. 처방전 확인 및 등록
RFID 태그와 바코드를 이용하여 처방전 등록

2. 스마트 조제
처방전 자동 인식 및 약재 매칭으로 약재의 오입과 누락 방지. 컴퓨터와 연결된 연동형 전자저울로 정확한 중량 확인.

3. 탕전관리
탕전과정에서는 지시된 탕전 방법과 파우치의 일치 여부가 확인가능.
다중대량 탕전 작업을 체계화하여 탕전 과정의 인적오류최소화.

4. 검수 및 마킹
탕전 후 탕약 파우치에 압력 검사와 육안 이물질 검사를 실시 하여 배송 중 파우치 터짐 방지.
마킹시스템을 통해 한약 파우치에 조제일, 환자 정보 등의 인쇄 가능.

5. 포장 및 배송
진공포장을 이용한 안전한 포장 및 배송

한류어 SDS 시스템·인적 오류 완벽 차단을 통한 안전한 조제 탕전
한류어 바른 원외탕전은 안전한 조제 탕전의 혁신을 선도합니다!!!

한의학(동양 전통 의학)에 디지털 헬스케어가 접목된 사례가 있다. 중국에서는 '한의학 로봇'이 개발되었는데 로봇은 진맥을 짚고 혀를 보고 건강을 진단한다. 중국 신화사에 따르면 '2020 중국 국제 서비스무역 교역회'가 베이징에서 열린 가운데 전시장에 한의사 로봇이 관람객을 진료해 주목을 끌었다. 중국 로봇 기업 캔봇(CANBOT, 康力优蓝)이 만든 이 로봇은 참관객의 진맥을 짚어주고 중의학 진단 방식으로 체질 검사, 건강 컨설팅 등을 진행했다.

한국 한의학 연구원은 미래 한의학을 실현하기 위해 '한의학 2050 미래 비전 및 미래상'을 발표했다. 과학적 예측 방법론에 기반을 두어 과학, 미래학, 생명공학, 의/약학, 한의학, 금융, 인류학 등 여러 분야의 전문가 토론과 일반 국민의 의견을 담아 다양한 관점에서 한의학의 미래 모습을 조명한다. 질병치료와 함께 예방, 맞춤 의학으로 국민 건강을 보호하는 건강 방패 역할을 한의학이 수행하겠다는 의미다.

생로병사의 한의학적 원리와 미래 의료 통합 빅데이터 구축, 한의학 신물질/신소재 개발 등을 연구할 계획이다. 또한 융합의학 생태계 조성, 한의학 인식 제고, 의과학자 및 융합형 인재 양성, 글로벌 협력 체계 등 한의학 연구 기반을 구축할 예정이다. 김재우 의정부 한의사 회장은 "한의학의 미래 모습을 상상해 본 첫 시도에 의미가 있다"며 "미래비전의 성공적 실현을 위해 노력하는 의정부 한의사회가 되겠다고 말했다"[9]

이처럼 디지털 헬스케어 관련 학회와 학술 포럼 등이 매우 활발하게 나타나고 있다. 디지털 헬스케어는 현대의학과 한의학이 따로 없다

국민 건강 증진 차원에서, 코로나 19로 유명해진 K-방역을 K-디지털 헬스케어로 확장하기 위해서 의사, 한의사, 약

---

9) 디지털 타임스 기사 발췌, 〈한의학으로 실현될 미래 모습은 어떨까?
– 한의학연, 초건강 대한민국 위한 '2050 미래 비전' 제시,
한국인의 마법건강 방패 역할 통해 건강, 안전, 행복사회〉, 이준기 기자

사, 생명공학자 등 다양한 분야의 노력이 필요하다. 다양한 분야에서 힘을 모아 코로나19 극복은 물론, 디지털 헬스케어를 활용해 새로운 의료를 만들 필요와 당위성은 충분하다.

코로나19 방역 시스템과 디지털 헬스케어 사례

1918년 3월 미국 캔자스 펑스톤 기지에 3일 열병이 발생했고, 수일 뒤 미군 포트 라일리 기지에 100여 명 인플루엔자 환자가 발생했다. 같은 해 초여름 프랑스에 주둔하던 미군 병영에서 독감 환자가 나타났고, 8월 첫 사망자가 발생했다. 1차 대전에 참전했던 미군이 귀국하면서 9월에는 미국에 확산되었다. 한 달 후 2만 4,000명의 미군이 독감으로 사망했고 2년 동안 전 세계에서 2500만~5000만 명이 사망했다.

1918년 경성(서울)에서 독감으로 사망한 사람이 268명인데, 그중 조선 사람이 119명이다(매일신보 1918년 11월 12일).

조선총독부 통계 연보에 따르면 조선 인구 1678만 명 중 742만 명 발병, 총 14만 명이 사망했다는 기록이 있다. 과거엔 원인균을 규명하지 못했지만, 스페인 독감으로 추정된다. 1918년 당시 세계 교류는 현재처럼 활발하지 않았지만 시차를 두고 전 세계로 확산되었다. 2020년 현재의 코로나 19와 유사하다.

1919년 당시 스페인 독감의 원인은 몰랐다. 감염이 어떻게 이뤄지는지 국경 통제가 없었다. 서구에선 감염 개념이 있었고 호흡기 환자의 기침, 재채기를 통한 비말 감염이 원인임을 알았다. 우리의 감염 개념은 늦었다. '토지'(박경리)의 도입부에 콜레라가 창궐해 많은 사람이 죽었다는 내용도 나온다. 2021년 한국의 스마트폰 보급률은 90% 이상이다. 스마트폰으로 확진자 동선을 실시간으로 알려준다. 스마트폰으로 코로나 확산을 방지할 수 있다는 것이다.

코로나19사태로 비대면, 언텍트를 강조하며 재택근무, 온라인 화상회의 등이 널리 퍼졌다. 이는 기존에 진행되던 디지털 경제를 가속화 시켰다. 그리고 의료계도 동참하고 있다. 특정 종교 단체에서 코로나 확진자가 폭발적으로 증가했을 때, 의사와 간호사들은 생업도 포기하고 대구로 달려갔다. 인력과 장비, 물자가 모자란 상황에서 의료진은 사투를 벌였고 대구 이외의 지역으로 확산을 막았다.

코로나19 대응 모범 사례가 있어 소개한다. 코로나 공포가 극에 달했을 때 명지병원(이사장 이왕준)은 코로나 안심병원으로 코로나 대응에 앞장섰다. 명지병원의 코로나 대응 방법을 보자.

1. 코로나19를 철저히 연구해 국제 학술지(Journal of Hospitla Infection)에 듀얼 트랙 헬스케어 논문을 게재했고, 국제 학계에서 인정 받았다.

2. 자회사와 RT-PCR 키트를 생산하여 24시간 검사를 했고, 진단키트를 수출해 K-방역에 일조했다.

3. 효율적 공간 활용으로 완벽한 격리 환경을 조성했다. 특히 음압 수술실과 음압 혈관 조영실, 입원 선별 병동, 폐렴 감시 병동을 운영했다.

(아래 병동 사진 참조).

4. 효율적 의료인력 관리를 시행해 전담 의료진을 구성하고, 전담 의료진은 엄격한 자가 방역을 실시했다. 특히 코로나 환자와 비 코로나 환자를 2대 8로 분리 운영했다.

5. 부서간, 조직간 원활한 의사소통의 중요성을 알고 다양한 소통 채널을 만들고 소식지를 발간했다.

이런 모범 사례가 있었기에 K-방역이 유명해진 것이다.

출처: 구글 '명지병원 코로나 대응 이미지 검색'

안녕하세요, 저는 명지의료재단 이왕준 이사장이라고 합니다.
MYONGJI CEO & Chairman Dr. Lee Wang-jun

출처: 구글 명지병원 이왕준 이사장 사진

　명지병원은 디지털 기술을 활용해 발빠른 대응을 성공적으로 마쳤다. 코로나19로 감염관리와 전문적 치료가 중요해졌다. 앞으로 디지털 헬스케어를 받아들이는 병원과 그렇지 않은 병원의 격차는 커질 것으로 예상된다. 코로나19를 계기로 의료의 디지털 전환은 가속화될 것이다. 나는 트윈데믹(코로나와 인플루엔자 독감의 동시유행)을 우려하는 글을 썼는데, 2020년 12월 확진자 1000명으로 정부는 거리두기 2.5단계를 유지 중이다. 개별 병원의 모범 사례를 참조해서라도 국가 방역체계를 굳건히 다져야 한다.

　미국은 보험에 가입한 고용주의 의사에 따라 원격진료에 대한 보험을 적용한다. 메디케어는 의료 서비스를 쉽게 받을 수 없는 시골이나 원거리 거주자에 한해 제한적으로 가입을 허용했다. 그러나 코로나19 사태가 발생하면서 메디케어는 임시적으로 모든 가입자에게 보험을 적용했다. 의사는 모니터링을 통한 원격진료를 실시하면서 미국의 디지털 헬스케어 수용 속도가 빨라질 것으로 예상된다.

　미국의 고용주는 원격진료에 관심이 높아지고 있다. 전체 의료비 증가의 우려가 있으나 직원 복지를 증진시킬 수 있고 결근을 줄일 수 있기 때문에 점점 더 많은 고용주들은 원격진료를 보험에 포함시켰다. 반대로 회사 직원들이 원격진료에 관심을 가질수록 고용주들의 적극적인 움직임이 나타날 수 있다. 한국에서도 유사한 상황이 될 수 있다. 한국의 4대 보험 형태는 고용주와 피고용인이 절반씩 건강보험료를 지불하는 구조이기 때문이다. 한국 고용주도 건강보험료를 아끼고 싶은 마음은 같다.

한국에서도 유사한 사례가 진행 중이다. 만성질환 관리 시범사업과 복막 투석 및 1형 당뇨병에 관한 재택 관리 시범사업이 있다. 이번 시범사업은 코로나19 사태 동안 진행되는 원격진료 프로젝트로 환자와 의사의 경험을 바탕으로 확대될 가능성이 있다. 원격진료 경험으로 병원을 방문하는 것보다 편리함을 느낀다. 정부도 원격 진료에 대한 전면 보험 적용을 고려할 것이다. 다만 현재의 저수가 정책이 발목을 잡고 있으며 다른 여러 가지 문제도 함께 고려해야 한다.

코로나19 사태가 종식된 후에도 원격진료의 합법화가 지속될지는 의문이다. 의료계가 수용할 수 있는 근거와 형태에 대한 논의 없이 일시적으로 허가되었기 때문이다. 이해관계자의 의견 조율도 없었고 낮은 의료 수가를 원격의료 회사와 나눠야하는 문제 등 풀어야 할 게 많다. 그럼에도 전반적인 보건의료체계, 지불제도, 주치의제도, 의료 공공성에 대한 관심은 높아지고 있으며 정부도 코로나19의 심각성을 인식하고 적극적, 혁신적인 의료체계 변화를 고민하고 있다.

"기술은 변하고, 기술 변화의 속도는 정부가 변화를 통제하는 규정을 만들 여유를 주지 않을 만큼 빠를 것이다"는 첼 노오스트롬의 말처럼, 정부는 낡은 규제를 풀고 민간의 자율을 강화해야 기업에서 주도적인 신 의료기술을 만들 것이다. 정부는 민간이 법과 규정을 준수하며, 마음껏 연구하고 개발할 수 있는 환경을 만드는 여건을 조성해야 한다. 12조 펀드로 유니콘 기업을 10개 이상 키운다는 정책 발표는 현실과 동떨어진 것이 아닌가 싶다. 산업 생태계가 형성되고 기업이 성장하는 것은 정부의 정책 발표만으로 되는 것은 아니다.

민간주도 혁신의 예로, 건강상태와 장소에 따라 코로나19 감염 위험성을 알 수 있는 지수가 개발되었다. 헬스케어 스타트업 '빅케어'가 송민(연세대학교 문헌정보학과) 교수와 염준섭(세브란스 병원) 감염내과 전문의, 국내 최초로 코로나 지도를 개발한 이동훈씨가 공동 개발한 코로나19 위험 지수 서비스를 시작했다. 전 세계에서 취합한 25만 명의 코로나19 검사자들의 건강 정보에 국내 코로나19 확진

출처: https://news.joins.com/article/23908633

자의 위치 정보를 더해 만들었다. 데이터를 기반으로 인공지능 딥러닝 기법을 활용해 개인 맞춤형 코로나 위험도 지수를 확인할 수 있다.

빅케어 웹사이트 또는 모바일 앱에서 설치한 뒤, 나이와 성별, 당뇨병, 천식, 고혈압, 심혈관 질환, 신장 질환 등 개인 건강 정보와 지금 있는 곳이나 방문할 곳 등 위치 정보를 입력하면 코로나에 걸릴 위험이 어느 정도인지 0~100까지 숫자로 알려준다. 회원으로 가입하면 국가가 관리하는 지난 10년 간의 방대한 개인 건강 검진 자료를 토대로 보다 정확한 위험 지수를 알 수 있다. 최근 3개월 이내 독감 예방접종 여부를 알려주면, 독감 위험도까지 예측 가능하다.

송민 교수는 "건강 상태와 확진자 분포를 접목해 개발한 실시간 개인 맞춤형 위험 지수"라며 "코로나 19 감염의 불안을 조금이라도 낮출 수 있기를 바란다."고 했다. 빅 케어는 코로나 위험 지수를 시작으로 감염과 계절별 질병 위험 지수까지 개발해 모바일 기반의 '디지털 백신' 활동을 확대해 나갈 계획이다. 이 과정을 정부에서 한다면, 관련 위원회를 만들고 새로운 부서와 인력을 정하는 과정과 예산 배정, 플랫폼을 만드는 과정까지 결코 쉽지 않을 것이다. 정부는 적절한 판을 만들고 불필요한 규제를 없애는 것이 필요하다.

코로나19로 바이오 헬스 분야의 중요성이 커지면서, 정부는 국난극복 K-뉴딜위원회 산하에 바이오헬스 본부를 신설하기로 했다. 이낙연 대표는 국난극복 K-뉴딜위원회 점검 회의에서 바이오 헬스케어 산업은 여러 산업 중 가장 빨리 성장하는 분야라며 잘 키우면 미래 한국 경제를 살리는 역할을 할 것이라 했다. 이낙연 대표는 바이오 헬스케어 관련 산업 육성의 중요성을 강조하며 포스트 코로나 시대에 부상할 신사업 육성을 위해 규제를 혁파하거나 완화해야 한다고 말했다. 또한 바이오 헬스 산업을 적극 지원하겠다고 말했다.

K-방역의 주역인 병원 의료인들은 포스트 코로나 19 이후 미

래 의료를 논의하기 위해 '2020년 국제 병원의료산업박람회 (K-HOSPITAL FAIR)'를 개최했다. 2020년 병원 의료산업 박람회 는 코로나19 극복의 주역인 병원 의료계와 의료 산업계가 함께 K-방역의 구체적인 내용을 선보이고, 향후 닥칠 제2의 펜데믹에 대한 대응방안을 마련한다는 계획의도를 밝혔다. 의료계와 병원 산업계 의 공동 대응은 바람직하며 정부의 지원도 필요하다. 박람회에선 디 지털 헬스케어 산업의 첨단 의료기기 기업의 위상을 엿볼 수 있었다.

한국형 인공지능 기반 정밀 의료기기 솔루션 '닥터앤서'가 사우디 아라비아 국방보건부 산하 6개 병원 진료에 교차검증을 추진하여 글 로벌 진출을 시도했다. '닥터앤서'는 과기정통부가 3년간 488억 원(정 부 364억 원, 민간 124억 원)을 투자해 서울 아산병원을 중심으로 국 내 26개 의료기관 및 22개 정보통신기술(ICT) 기업 등 1962명이 참 여해 다양한 의료 데이터를 분석해 개발된 인공지능 의료용 소프트 웨어다. 한국인 기반으로 개발된 '닥터앤서'가 안전성과 임상 효과가 검증되어 글로벌 시장 진출 기반을 마련한다는 점에서 의미가 있다.

'닥터앤서'가 지원하는 주요 8대 질환은 암(유방암, 대장암, 전립선 암), 심뇌혈관 질환, 심장 질환, 치매, 뇌전증, 소아 희귀 유전자 질환 등 이다. 닥터앤서는 뇌출혈 진단, 유방암 발생 위험 예측, 치매 조기 진단 소프트웨어 등 일선 의료 현장에서 질환의 예측, 진단을 지원할 수 있 는 21개의 인공지능 소프트웨어로 구성되어 있다. 현재 국내 37개 의 료기관에서 임상 시험을 진행하고 있으며 더욱 더 확대될 계획이다.[10]

10) https://search.naver.com/search.naver?sm=tab
_sug.top&where=nexearch&query=%EC%A0%84%E
A%B2%A9%EC%A0%9C%ED%8A%B8%EC%9E%9
1%EC%A0%84&oquery=%EB%82%B4%EC%95%84%EC%9D%B4%ED%94%BC&tqi=
U3cvilp0J1sssEbQQ9osssssstEV-353176&acq=%EC%A0%84%EA%B2%A9+%EC%A0%9C&acr=1&qdt=0

과학기술정보통신부
I-KOREA 4.0

국산기술로 만든
AI의사 '닥터앤서'

출처: https://m.blog.naver.com/with_msip/222044179366

이처럼 디지털 헬스케어는 지역과 장소를 가리지 않고 일어나고 있다. 다수의 사람은 자신이 속한 분야만 알고 다른 분야는 모른다. 특정 분야의 혁신이 널리 보급되면, '아! 세상 참 좋아졌구나'한다. 개인 입장에서는 그것만으로도 충분하다. 하지만 시야를 넓혀 의료계 혹은 의료기기 기업과 관련 산업 입장에서는 변화를 파악하고, 대비하며 선도해야 한다.

코로나19를 계기로, 의료에서 혁신이 가능한 것을 파악하고 감염을 관리하고 동시에 고령화 사회에 대비해야 한다. 고령화 사회는 필연적으로 높은 의료비가 예상된다. 디지털 헬스케어는 예방의료, 예측의료, 맞춤의료가 가능하다. 디지털 헬스케어를 받아들이고 선도적으로 대응하면 국민 건강에 이로우면서 의료비를 낮출 수 있다. 그리고 K-방역으로 유명해진 한국의 의료 시스템을 수출까지 할 수 있다. 우리에겐 좋은 기회다.

3-4

K-뷰티 디지털
헬스케어 사례

1980년대 TV 의약품 광고에서 장수의 꿈이란 말을 들었다. 당시는 환갑잔치를 떠들썩하게 할 정도로 평균 수명이 짧았다. 2021년 현재 40년 전 장수의 꿈이 현실화 되었는지 환갑잔치 한다는 연락을 거의 듣지 못했다. 코로나19의 영향도 있겠지만 평균수명이 80세를 넘길 정도로 수명이 길어졌기 때문이다. 장수는 좋은 일이지만 무조건 오래 산다고 좋은 것은 아니다. 건강을 유지하면서 자신의 삶을 주도적으로 살며 하고 싶은 일을 하고 주변 사람과 관계가 좋아야 행복한 삶이다.

나는 걷기 모임에 참여했고 1만보 걷기 후 인사를 나눴다. 탄

주목받는 K-디지털 헬스케어의 분야 **129**

력 있고 군살이 없는 여성과 대화했는데 자신은 65세 할머니라 했다. 그분은 2019년 12월 인터내셔널 슈퍼퀸즈 광고모델 시니어 진 및 포즈상을 받았다. 자신의 건강을 위해 운동을 시작했고 운동을 하니 건강해졌다고 한다. 운동의 계속하니 군살이 사라지고 탄력이 생겼다는 자신감에 마음까지 건강해졌다고 한다. 건강관리에 스마트폰 애플리케이션의 도움을 받았다고 한다.

2005년 대학병원 인턴시절 응급실에서 봤던 60대 환자는 할아버지, 할머니에 가까웠다. 2012년 응급실에 봤던 60대 환자는 많이 봐야 50 중반으로 보였다. 의정부 시니어 축구 클럽 시합을 보러 갔다. 감독은 70대 후반, 주전 선수는 60대였다. 감독은 고래고래 소리를 지르고 주전 선수는 태클을 했다. 믿을 수 없었다. 40대인 나보다 체력이 더 좋았다. 시합 후 인사를 나누는 자리에서 본 선수의 얼굴은 건강한 자신감에 피부 탄력과 근육량이 상당해 보였다. 60세는 청년이다. 80세 정도는 되어야 어르신 대접을 받는 시대가 되었다.

사람은 젊어지면 미(美)를 추구한다. 미(美)는 권력인 사례가 많다. 동서양의 역사를 통틀어 미인이 역사의 흐름을 바꾼 사례도 많다. 프랑스의 철학자이자 수학자인 파스칼은 '클레오파트라의 코가 1cm만 낮았어도 세계 역사는 달라졌을 것이다'고 말했다. 한국인이라면 다 아는 삼국지에서 조조가 원소를 정벌하고 손권의 오나라를 정벌하려 할 때였다. 동작대를 만들어 시를 지었는데 오나라를 정벌해 대교/소교 자매를 첩으로 얻겠다고 했다. 손권과 유비의 연합이란 막중한 책임을 진 제갈량은 손권의 심기를 건드리기 위해 조조의 동작대 시를 언급했고 결국 적벽대전까지 이어졌다.

디지털 헬스케어로 사람들이 건강해지면 나이와 성별에 관계없이 미를 추구하는 욕구가 생길 것이다. 실제 뷰티 산업은 나날이 발전하고 있다. IT 기술이 발전하면서 뷰티 산업에도 디지털 헬스케어 사례가 늘었다. 대표적인 K-뷰티 사례는 '강남언니' 애플리케이션이다. 강남언니는 국내 1위 성형 및 시술 예약 애플리케이션으로 실제 사용자의 후기부터 성형외과의 상담예약과 가격비교까지 한 번에 진행된다. 최근 중동에선 대장금 시청률이 90%가까이 올랐고, 한류 바람은 뜨거웠다. 코로나로 주춤하지만 종식 후 다시 활발해질 것이다.

미용 의료 플랫폼인 '강남언니'를 운영하는 힐링 페이퍼는 2012년 7월에 설립된 회사로 2019년 말까지 '강남언니' 누적 사용자는 230만 명을 돌파했다. 월간 순 이용자 수 역시 30만 명에 육박하면서, 중국의 최대 벤처 캐피털인 '레전드 캐피털'과 한국의 '프리미어 파트너스', 'KB 인베스트먼트', '스톤브릿지캐피털' 등으로부터 240억 원의 투자를 받았다. 해외 자본의 투자까지 가능한 이유는, 앞서 설명한대로 한류의 영향이 크다. 최근 성형외과와 피부과 의사에게 들은 얘긴데, 마스크 착용으로 성형 수술(장기간 지속)은 늘었고, 시술(단기간 지속)은 줄었다고 한다. 코로나가 별 것에 영향을 준다.

'강남언니' 힐링페이퍼 홍승일 대표는 정보통신 기술과 의학의 본

출처: 강남언니

격적인 만남으로 더 큰 서비스에 대한 희망을 품으며 디지털 헬스케어 시장에 뛰어들었다. 그는 한국의 제한적 의료 서비스에서 벗어나 더 좋은 진료를 더 많은 사람에게 제공하고 싶다고 한다. 실제 병원에 환자가 몰리고 여러 차례의 수술을 진행하다보면 환자의 이야기를 듣는 것에 한계를 느끼는 의사가 많다. 그 한계를 넘을 수 있는 방법으로 홍대표는 디지털 헬스케어 산업을 선택했다.

소비자는 비대칭적인 미용 의료 시장 정보를 투명하게 알기 원한다. 이들은 성형외과의 광고로 의료 소비자를 현혹하는 것이 아닌, 직접 시술을 받은 사람의 후기와 이용자의 평판을 바탕으로 사람에게 정보를 제공한다. 신뢰할 수 있는 정보를 제공하는 것이다. 이 또한 디지털 헬스케어의 예시다. 강남언니는 자체 알고리즘과 데이터 모니터링을 통해 브로커나 악성 병원 및 사용자의 활동을 제한하면서, 선정적인 마케팅은 피하고 있다. 강남언니는 의료 광고의 연장에 해당되고, 합법적 영역에서 서비스를 제공한다.

K-뷰티에서 디지털 헬스케어 시장의 유입이 이뤄진 것은 애플리케이션뿐이 아니다. 다양한 미용의료 기기가 나타났다. LG전자는 눈가 주름을 관리하는 미용기기 'LG 프라엘 아이케어'를 출시했다. 적색 발광 다이오드(LED)와 근적외선 LED 광원을 활용해 피부에 빛을 쏘고 미세 전류를 흐르게 한다. 눈 주변 피부의 두께와 주변 굴곡 등을 고려해 눈가 피부톤과 탄력 등을 집중 관리하도록 디자인했다. 안경처럼 착용하면 된다. 눈가 주름은 여성들이 활짝 웃지 못하게 하는 주범이었는데, 보톡스와 함께 광원(LED)이 도움을 줄 것이다. 다만 한계는 있을 것이고 3-6장 라이트 히팅 케어에 자세히 다룰 예정이다.

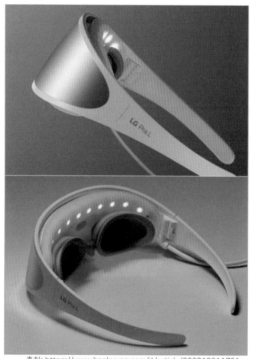

출처: https://www.hankyung.com/it/article/202010211791g

아모레 퍼시픽은 미국 라스베거스에서 열린 'CES 2020'에서 IT 기술을 접목한 디지털 헬스케어 혁신을 선보였다. CES 2020에 전시된 아모레 퍼시픽의 '3D 프린팅 맞춤 마스크'는 사람마다 다른 얼굴 크기와 피부 특성을 반영해 나만의 하이드로 겔 마스크팩을 만든다. 도안을 실시간으로 디자인해 5분 만에 나만의 마스크팩을 만들고 바로 사용할 수 있다. 개인 맞춤 솔루션을 구축한 이 서비스는 2020년 4월 아이오페 플래그십 스토어에서 정식으로 선 보였고, CES 2020 현장에서 체험할 수 있다.

또한 'LED 플렉서블 패치'를 최초로 선보였는데 자유자재로 휘어지는 패치 형태의 LED를 피부에 밀착해 사용할 수 있는 뷰티 기기다. 'LED 플렉서블 패치'는 휘어지는 재질의 특성을 활용하여 LED

광원을 최대한 피부와 밀착해서 피부 깊숙한 곳까지 탄력, 톤업, 진정 케어 등을 할 수 있다. 초밀착으로 사용자가 집중 케어를 원하는 부위에 작용해, 피부 개선 효과가 뛰어나다. LED 플랙서블 패치는 가볍고 두 손을 자유롭게 사용할 수 있어 편리하다는 호평을 받았다.

아모레퍼시픽 기술연구원 기반혁신 연구소 '박원석' 소장은 현장 간담회에서 "아모레퍼시픽이 CES 2020에서 선보인 것처럼, 정보 기술 분야와 융합한 한국의 디지털 헬스케어 산업 중 뷰티 업계의 혁신 솔루션을 전 세계 고객이 누릴 수 있도록 최선을 다할 것"이라 밝혔다.

SKT의 'Care8 DNA'는 'DTC(Direct to consumer)' 유전자 검사 기반의 구독형 헬스케어 서비스다. 유전자를 이용해서 사용자의 생체 정보를 알려주는 서비스로 유전자 검사 결과뿐 아니라 건강 정보, 상담을 함께 제공한다. SKT의 디지털 헬스케어 전문 기업인 '인바이츠 헬스케어'와 생명공학기업 '마크로젠'이 함께 선보인 'Care8 DNA'는 국내 최초 유전자 검사 기반 헬스케어 서비스다. 탈모로 고민 중인 사람은 'Care8 DNA'를 이용해 효과적인 탈모약 복용량을 처방받을 수 있다.

Care8 DNA는 사용자에게 유전자 검사 키트를 제공하고 타액(침)으로 유전자를 검사한다. 전용 용기 표시 선까지 거품이 없는 침을 담아 보존액에 섞어 택배로 보내면 약 2주 후 분석결과를 Care8 DNA 애플리케이션을 통해 확인할 수 있다. 사용자에게 유전자 분석 결과로 영양소, 운동, 피부 및 모발, 식습관, 개인특성 등 건강관리별 29종의 결과를 제공한다. 또한 사용자의 맞춤 솔루션을 통해 부족한 영양소를 알려주고, 식품까지 추천한다. Care8 DNA 서비스 사용자 중 많은 이들은 피부 및 탈모에 관심이 많다.

여성의 많은 관심인 피부와 남성의 관심인 탈모는 어떤 질병보다 꾸준한 관리가 필요하다. Care8 DNA는 세부 분석을 통해 색소 침착과 피부 노화 등 현 상태를 알려주고 영양소와 기능성 원료 추천 솔루션을 제공한다. 이처럼 개인 맞춤형 건강 정보로 사람들은 유전자 분석 결과에 근거해 맞춤 처방을 받을 수 있다. 솔루션과 팁까지 제공하는 Care8 DNA를 통해 꼼꼼한 관리가 가능하며, 전문가 상담까지 연결 가능하다. 실제로 많은 사용자들이 체계적인 관리에 높은 만족도를 나타냈다.

미래 바이오텍의 마사지기 '휴심'은 플라즈마 기능을 탑재한 발 관리기 '테라핏'을 출시했다. 테라핏은 공기 중 비타민으로 불리는 플라즈마 기능을 추가해 발 마사지와 피부 관리까지 가능하다. 플라즈마 발생 시 생성되는 오존이 살균 작용을 하며 플라즈마가 생성하는 음이온과 양이온은 습진 및 각질을 예방하고 피부에 탄력을 부여한다. 얼굴 피부 관리에 사용한 것으로 생각하는 LED 레드파장을 발 관리에도 적용한다. 발은 26개의 뼈, 32개의 근육과 힘줄, 107개의 인대가 얽혀있을 만큼 복잡한 신체 부위다.

발은 신체의 2%에 해당하지만, 나머지 98%를 지탱하는 몸의 뿌리다. 하루 중 많은 체력을 소모하는 발 관리는 중요하다. 이외에 발바닥, 발등, 발목, 아킬레스건 주위의 공기압 마사지와 주요 혈점을 눌러주는 1060개의 지압판 및 볼이 내장되어 시원함과 회복 기능을 극대화했다. 휴심 관계자는 "발에 이상이 생기면 걷는 자세가 이상해지며 다른 관절이나 뼈에 영향을 미칠 수 있고, 운동 부족으로 심장이나 폐, 소화 기능까지 문제가 생길 수 있다"고 했다. 일상에 지친 현대인은 발의 피로를 풀고 매일 관리하는 것이 중요하다.

IT 기술로 출발한 디지털 헬스케어는 우리에게 건강한 몸과 정신을 줄 수 있으며 건강 다음으로 추구하는 아름다움에 대한 욕구까지 불러일으킨다. 디지털 헬스케어는 단언컨대 K-방역을 넘어 K-면역, K-건강, K-뷰티 까지 확장될 것이다. 우리의 준비가 필요하다.[11]

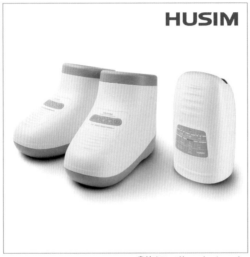

출처: https://www.husim.co.kr

11) http://www.munhwa.com/news/view.html?
no=2020091701032503353002 /
〈마사지부터 미용까지 발관리 한번에〉

유전자로 알아보는
디지털 헬스케어

디지털 헬스케어를 어렵게 생각할 필요는 없다. 2010년 나는 아이폰 3을 사용했다. 사람들은 아이폰을 신기하게 생각했고, 나도 참신한 경험이었다. 나중에 들어보니 당시 대기업 임원들에게 보조금을 주면서 아이폰을 비롯한 스마트폰 사용을 권했다고 들었다. 2016년 고령자를 대상으로 카카오톡 이모티콘 보내는 교육이 있다고 들었다. 몇 년이 지나지 않아 전 국민의 90%가 스마트폰을 활용하게 되었다. 디지털 헬스케어가 지금은 어렵지만 스마트폰처럼 곧 우리의 일상에 사용될 것이다.

디지털 헬스케어는 데이터의 측정과 통합, 분석이 필요하다. 일상에서 얻을 수 있는 다양한 정보를 스마트폰과 웨어러블, 유전자 분석 등 환자 유래의 의료 데이터를 바탕으로 정보를 취합하여 의미를 찾고 맞춤의료, 예측의료가 가능해진다. 사람을 데이터로 본다면 유전자야말로 생명을 유지하고 살아가게 하는 정보 덩어리다. 유전정보에 관한 분석은 IT 기술의 발전과 함께 시간과 비용이 급격히 줄었고 활용도가 높아졌다. 유전자 분석으로 건강을 계획하여 실천하고, 동시에 우리의 일상을 크게 바꿀 것이다.

내가 의과대학을 다니던 2000대 초반. 휴먼 게놈 프로젝트가 완성되었다는 기사를 접했다. 당시 한 사람의 유전 정보를 분석하려면 27억 달러의 막대한 비용과 13년이란 시간이 걸렸다. 2021년 현재 네이버에 '유전자 분석'을 검색하니 10개 이상의 파워 링크와 플레이스 지도가 보인다. 특정 업체는 10만 원 검사, 전국 22개의 지사, 365일 출장이란 정보까지 제공한다. 불과 20년 정도의 시간이 흘렀는데, 어떻게 이렇게 되었을까.

개인 유전자 분석도 디지털 기술 발전으로 가능하다. 유전체 분석에 들어가는 시간과 비용은 기하급수적으로 줄어들었다. 반도체 발전에 무어의 법칙이 있는데 마이크로칩 밀도가 18개월마다 2배씩 늘어난다는 것이다. 삼성전자 황창규 사장은 메모리 신 성장론을 발표하며 메모리의 용량이 1년마다 2배씩 증가한다고 했다. 이처럼 기술의 발전 속도는 빠르다. 그리고 유전자 분석 비용과 시간이 감소했고 미국의 경우 일반에 널리 보급되었다.

유전자 정보는 방대한 분량의 데이터다. 한명의 유전자 정보를 저장한 파일은 분석 방법에 따라 다양하지만, 수십 기가바이트에서 테라바이트까지 된다. 멀지 않은 미래에 인류가 가질 가장 큰 데이터는 천문학 데이터가 아닌 유전 정보가 될 것이다. 개인의 모든 유전자를 분석하는 것은 분량도 많고 시간이 오래 걸린다. 그래서 필요한 부분을 취합해 유전자 분석을 한다. 우리에게 필요한 유전자는 체중 감량, 유전자 질병의 진단, 암 맞춤 치료, 약물 민감도 분석, 알러지 반응, 혈액응고 반응 등일 것이다.

2020년 1월 16일 한국 산업기술 진흥협회에서 주관하는 조찬 세미나에서 김주한 서울의대 교수의 '헬스 아바타, 유전자와 의료 빅 데이터가 이끄는 헬스케어 혁신' 강의를 들었다. 김주한 교수는 신경정신과 의사이며 컴퓨터 사이언스를 배워 의료와 정보 분야에서 경험을 쌓았다. 자신의 유전자를 분석한 김주한 교수는 혈액응고인자 10번 중 하나가 손상된 것을 알았다. 양쪽 모두 손상됐다면, 심한 출혈 경향으로 태어나지 못했을 것이다. 이를 모른 채 뇌졸중 예방으로 항응고제를 먹었다면, 출혈 위험이 있었을 것이다. 한국인 5천만 명 중 30만 명이 같은 유전자를 갖고 있다고 한다.

디지털 헬스케어 시장에서 개인 유전자 분석의 의미는 크다. 개인 유전자 분석으로 예방의료, 예측의료, 맞춤의료의 정확도가 높아지기 때문이다. 아직까지 한국에서 자신의 유전자 정보를 분석, 소유하며 활용하는 사람들이 많지 않다. 미국은 수천만 명의 사람들이 자신의 유전자 정보를 분석하여 활용하고 있다. 우리도 가능성은 있다. 건강 관련 보험 설계사들이 고객의 건강관리 차원에서 유전자 분석 서비스를 한다고 들었다. 유전자 분석으로 건강에 도움을 받았다는 사람이 많아지면, 유전자 분석 시장이 커질 것이다.

대표적인 유전자 분석회사는 실리콘 밸리의 '23andMe', 샌디에

이고의 '패쓰웨이 지노믹스', '카운실' 등이 있다. '23andMe'는 120여 가지 질병의 발병 위험도와 약물 민감도, 보인자(유전자를 갖고 있지만, 열성유전으로 형질에 발현되지 않는 것) 검사와 조상 분석(미국은 유럽 대륙에서 이주한 사람이 많아 이런 수요가 있다)서비스를 제공한다. '패쓰웨이 지노믹스'는 섭식 행동, 음식물 반응 분석 등으로 운동과 체중관리 등 라이프 스타일을 분석한다. '카운실'의 경우 2세 계획을 세울 때, 유전질환의 발생 가능성을 알려주는 서비스를 한다.

한국도 '마크로젠', '테라젠 이텍스', 'DNA링크', '제노플랜', '쓰리 빌리언' 등의 회사들이 개인 유전자 정보 분석 서비스를 제공중이다. 그동안 유전자 분석 기술과 실제 적용사례는 많이 늘었다. 가격도 많이 낮아졌고 임상에서 활용하는 사례도 많다. 이는 더욱더 널리 활용될 것으로 보인다.

유전자 정보와 디지털 기술만 놓고 보면, 관련성을 파악하기 어렵다. 하지만 유전자 정보는 디지털 기술과 관련 있다. DNA의 염기 서열은 A(아데닌), G(구아닌), T(티민), C(시토신)의 4가지 조합이 이중 나선구조로 이뤄져있다. DNA의 2중 나선구조를 발견한 왓슨과 클릭은 1962년 노벨 생리의학상을 수상했다. 의과대학에서 배울 때, 4가지 염기를 조합해 인간의 모든 유전자를 구현할 수 있다는 다양성에 놀랐던 기억이 있다. 코로나19바이러스는 RNA로 단일 나선구조이며, 이중 나선구조보다 취약해 유전자 변이 발생 가능성이 많다. 코로나는 RNA 바이러스로 백신 개발에 성공한 것은 획기적인 의료기술의 발전이라 생각한다.

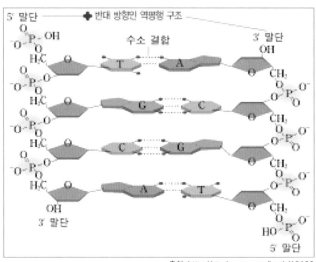

한국인이 두려워하는 질환 암. 디지털 헬스케어는 암 예방 및 치료에도 도움이 된다. 암세포는 세포 주기에서 자연사해야 할 세포가 죽지 않고, 무한 반복 증식하는 질환이다. 우리 몸의 세포는 60조개, 매일 800억 개 세포가 복사되고 사라지는데, 평균 3~4,000개의 복제 오류가 생긴다. 대부분의 오류를 면역세포가 처리해서 암이 생기지 않는 것이다. 면역체계는 암세포를 인식하고 NK세포와 T 세포, B 세포 등이 공격한다. 다양한 이유로 면역체계 활성도가 떨어지면 암으로 발현될 가능성이 많다.

암 치료법의 혁신 사례는 IBM의 인공지능 프로그램 '왓슨'이다. 2016년 가천 길병원(이사장 이길여)이 도입한 왓슨은 암 환자의 다양한 정보를 분석해 불과 몇 초 만에 치료법을 제안했다. 처음엔 인간 의사가 아닌 인공지능에게 진료를 받을까 의구심이 들었다. 그러나 61세 대장암 환자는 왓슨의 진료를 받았고 이후 길병원의 왓슨에게 진료를 받고 싶다는 문의가 많았다. 빅 5로 불리는 서울의 대형 병원의 암 환자가 왓슨을 찾아 길병원을 방문하는 사례도 있었다. 길병원 의료진은 "왓슨의 기대 효과 중, 인천 지역의 암 환자가 불필요하게 타 지역으로 이동하는 것을 방지하는 것"이라고 했다.

2016년 가천대 길병원을 시작으로 부산대병원, 대구가톨릭대병원, 계명대동산병원, 건양대병원, 조선대병원, 전남대병원 등 여섯 곳이 잇따라 왓슨을 도입했다. 그러나 2017년 왓슨의 암 진단 정확도가 기대에 못 미친다는 평가가 나오면서 주요 대형병원의 외면을 받는다는 기사가 있다. 2017년 12월 중앙보훈병원이 왓슨을 도입한 이후 이를 도입한 국내 병원은 한 곳도 없었다. 블룸버그 통신에 따르면 IBM 본사가 왓슨 헬스사업 조직을 대규모 구조 조정할 계획이란 기사도 있다. 이처럼 인공지능이 의료에 안착하려면 아직은 넘어야 할 과정이 있다.

개인 유전정보 분석의 한계도 존재한다. 유전자는 전체 유전자 분석, 엑솜 분석, 유전자 패널 분석, 단일 염기 다형성 분석(SNP) 등 다양한 방법이 있고 대부분의 유전정보 분석회사는 단일 염기 다형성 분석을 한다. 즉, 전체 유전자 중 일부분만 분석한다. 그리고 우리의 건강 상태를 결정하는 것은 유전자 바탕 위에 환경이 더해진다. 일란성 쌍둥이도 생활습관, 식습관, 주변 환경의 차이로 다른 사람이 된다. 그리고 유전자가 모두 발현되는 것도 아니다. 유전자가 발현되려면 전사, 단백체, 대사체 등 복잡한 과정을 거쳐야 한다.

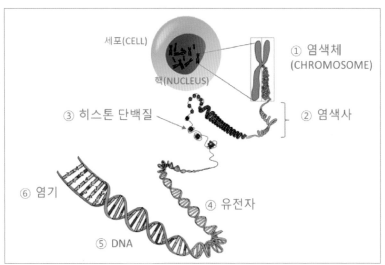

세포(CELL)
① 염색체 (CHROMOSOME)
핵(NUCLEUS)
③ 히스톤 단백질
② 염색사
⑥ 염기
④ 유전자
⑤ DNA

출처: https://ibs.re.kr/cop/bbs/BBSMSTR_000000000901/selectBoardArticle.do?nttId=14825&pageIndex=4&mno=sitemap_02&searchCnd=&searchWrd=

유전자 분석으로 위험을 분석(진단)해도 치료법이 없는 경우가 있고 이런 경우 검사의 의미가 없다. 유전자 정보로 20%의 확률로 암을 예측해도, 추가로 건강습관, 환경, 스트레스 요인 등 고려해야 할 것이 많다. 물론 디지털 헬스케어는 다양한 요소를 분석할 수 있다. 스마트폰과 웨어러블로 개인의 방대한 정보를 수집, 분석, 파악할 수 있다. 이를 위해선 다양한 전문가의 협조가 필요하다.

오상우 일산 동국대 병원 가정의학과 교수는 "빅데이터를 활용하는 통계와 컴퓨터 전문가는 질병을 모른다. 종양 수치와 생체 신호를 수집, 통합해도 의료인이 있어야 한다"고 했다. 데이터의 의미를 알기 위해 전문가들이 참여할 공간이 필요하다. 즉 공학과 데이터 분석가, 의사가 힘을 모아야 한다. 오상우 교수는 '환자 유래 데이터 소유도 풀어야 한다'고 했다. 과거 의무기록은 병원이 보관했고 의무기록 열람 신청을 해야 볼 수 있었다. 디지털 헬스케어의 개인 정보는 누구의 것이며 어디에 보관해야 하는지, 그리고 안전한 보관까지 풀어야 할 문제가 있다.

개인의 유전정보나 질병, 성향 등 다양한 정보가 수집되는데, 이 정보는 보험회사도 공유할 가능성이 많다. 예를 들어 폭력 성향이나 정신질환, 특정 유전질환 등 사적 영역이 공개되면 문제가 된다. 성병이나 낙태 기록 등 민감한 정보도 있다. 그리고 가장 큰 문제는 개인정보 보호법이다. 개인 정보를 기업이 활용하고 그에 따른 이익은 기업이 가져간다. 아직까지 이런 문제에 대해서 국내에서 논의된 적은 없는 것으로 알고 있다. 새롭게 시도되는 의료라 선례가 없다. 오상우 교수는 이를 위해 '소비자 중심 건강 포럼' 등 폭넓은 분야의 협업이 필요하다고 했다.

정부도 노력하고 있다. 그동안 개인 유전자 정보 분석에 관한 DTC(Direct to Customer) 서비스는 전면 금지였다. 국내의 유전자 분석 검사는 그 목적이 어떠하든 불법이었다. 그러나 복지부는 2016년 1월 질병 예방 목적으로 일부 유전자 검사를 비의료기관에서 직접 실시하는 것을 허용할 예정이라고 발표했다. 여러 차례의 공청회를 통해 의료계와 산업계의 의견을 청취한 끝에 2016년 6월 30일부터는 제한적으로 DTC 유전자 검사 서비스가 허용했다. 체질량지수, 중성지방농도, 콜레스테롤, 혈당, 혈압, 색소 침착, 모발 굵기 및 탈모, 피부탄력 및 피부 노화, 비타민C 농도 측정, 카페인 대사 검사 등 12가지 검사 항목을 위한 46개의 유전자 DTC 서비스가 가능하다.

보건복지부는 DTC 유전자 검사 제도 개선을 위해 2018년 상반기에 DTC 협의체와 제도 개선안을 도출하고, 57개 항목을 더 추가하여 시범사업을 거쳐 허용하는 방안을 발표했다. 또한, 2020년 1월부터 2년 동안 현장 평가 및 검사 정확도 평가를 통과한 국내 '테라젠이텍스', '이원다이애그노믹스', '랩지노믹스', '마크로젠' 회사에서 DTC 유전자 분석 서비스를 시범적으로 확대 시행할 수 있게 되었다. 정부와 의료계, 디지털 헬스케어 기업과 소비자 중심 건강포럼 등 디지털 헬스케어와 관련된 충분한 논의가 필요하다.

　"삶과 죽음의 차이가 차가움과 따뜻함이라면 건강과 질병도 같다. 따뜻함은 건강의 힘이요, 차가움은 질병의 표시이다" 따뜻함과 차가움으로 비유된 질병의 표시를 유전자 정보로 예측할 수 있는 디지털 헬스케어가 많은 사람들에게 다양한 분야에서 제공된다면 코로나19와 같은 전염병이 창궐해도 우리는 따뜻한 건강 속에서 살아갈 수 있을 것이다. 유전자 분석으로 특정 감염에 취약한 사람을 파악할 수 있을 것이고 감염병 예방에 도움을 얻을 것이기 때문이다. 유전자 정보 분석의 결과로 우리의 삶이 더 따스해지길 바란다.

라이트 히팅 케어 (Light heating care) 및 라이트 히팅 프로텍트 (Light heating protect)

조석준 전 기상청장과 통화하면서 생명에 꼭 필요한 것은 햇빛과 물, 공기이며, 날씨는 햇빛과 물, 공기의 조화라고 배웠다. 기후는 날씨가 지역이나 지형조건에 따라 평균적으로 나타나는 것이다. 생명체가 살아가는 환경은 날씨와 기후 조건을 기본으로 한다. 동서양을 통틀어 북방 유목민족이 남쪽으로 진출한 것은 연평균 기온이 2도 정도 하락해 추위를 견디기 어려웠다는 기록이 있다. 물고기가 어항에 사는 것처럼 사람은 대기라는 어항에서 산다. 인간이 살아가는데 반드시 필요한 빛을 살펴보자.

고등학교 물리시간에 빛은 입자와 파동의 성격을 동시에 지닌다고 배웠다. 빛은 우리가 살아가는데 필수 요소이며 프로메테우스 신화를 통해 고대부터 중요하게 생각했음을 알 수 있다. 프로메테우스는 진흙으로 인간을 만들어, 생명을 불어 넣고 말하고 움직이도록 했다. 그는 인간이 추위와 배고픔으로 고생하는 것을 불쌍히 여겨 제우스신의 불을 훔쳐 인간에게 전달했다. 제우스는 프로메테우스를 절벽에 매달고, 독수리가 간을 쪼아 먹는 형벌을 내렸다. 가볍게 지나친 그리스 신화지만 빛에 대한 경고가 내포되어 있다.

현대 인간이 만든 최고의 빛은 발광다이오드, 일명 LED(Lighting Emitting Diode)이다. 저렴한 전기값에 밝은 조명이라 차량용 헤드라이트에도 널리 사용되었다. 현재는 LED 마스크 제품으로 확산되어 여성분들의 사랑을 받고 있다. 아래 광고를 보면 얼굴과 목의 주름을 완벽하게 펴고, 20대의 싱그런 피부로 돌려줄 것 같다. LED 마스크의 빛은 왜 빨간색일까. 피부미용, 주름개선에 효과적일까. 결론부터 말

하자면, 효과가 없을 것이다. 장시간 사용하면 피부와 시력에 악영향을 줄 것이다. 이것이 의학과 공학이 만나는 디지털 헬스케어 분야다.

　병원에서 아래 의료장비를 봤을 것이다. 안과에선 눈을, 이비인후과에서는 귀를, 피부과에서 화상을 치료한 후 조사하는 경우도 있다. 병원 치료의 핵심은 원적외선(Far infrared ray, 遠赤外線)이다. 원적외선은 주파수(Frequency)가 느린 에너지이며, 다른 표현으로 주파수의 역수인 파장(Wavelength)이 긴 빛이다. 핵심은 '매우 느린 에너지'에 있다.

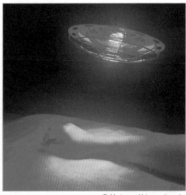

출처: http://dymedi.co.kr
https://hi-in.facebook.com/

다음 질문을 생각해보라.
태양을 눈으로 보기 힘든 이유는, 노을은 왜 붉은 색일까.

　아래 사진은 눈부신 태양과 붉은 노을이다. 태양은 지구 에너지의 원천이며 따뜻함을 주는 존재지만, 맨 눈으로 보기엔 부담스럽다. 반면 노을은 어떤가. 하늘을 붉은 빛으로 물들이고, 사람의 마음을 평안하게 만든다. 석양의 바닷가에서 노을을 보면서 마음이 너그러워지지 않는 사람은 없다. 노을은 추억을 떠올리며, 잠시나마 근심과 걱정을 잊게한다.

출처: https://www.chemidream.com/2372
http://www.jejusori.net/news/articleView.html?idxno=308843

같은 태양 빛인데 태양을 직접 보는 것은 어렵고, 왜 노을은 아름답게 느껴질까. 여기에 주파수(Frequency)와 파장(Wavelength)에 대한 이해가 필요하다. 태양빛은 자외선, 가시광선, 적외선으로 나뉜다. 아래 사진은 태양빛의 파장을 보여준다.

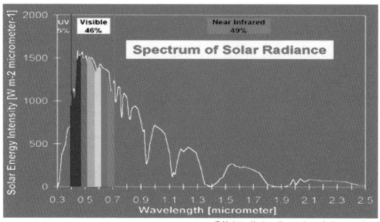

출처: http://solarcellcentral.com/solar_page.html

태양빛은 파장에 따라 영역을 구별하는데 다음과 같다.

1) 자외선 : 0 내지 380μm = 0 내지 0.38mm 파장의 빛

2) 가시광전 : 380 내지 780㎛ = 0.38 내지 0.78mm 파장의 빛

3) 적외선 : 780㎛ = 0.78mm이상의 파장의 빛

빛은 입자인가. 파동인가. 1990년 초반 물리학계에서 최고의 이슈였다. 이전까지 빛은 파동(Wave)이란 것이 정설이였다.

이를 바꾼 천재가 있었으니, 알베르트 아인슈타인(Albert Einstein)이다. 1906년 아인슈타인은 빛은 파동이면서 동시에 입자인 물질파 이론을 제시했다. 아인슈타인은 빛이 입자를 증명하는 실험으로 1921년 노벨 물리학상을 받았고, 양자역학의 선구자가 되며, 상대성 이론을 발전시켜 세계적 석학이 되었다. 아인슈타인의 공로로 빛은 입자이면서 파장이란 것이 밝혀졌다.

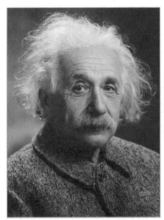
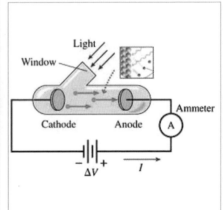

출처: https://ko.wikiquote.org/wiki/
https://www.cheric.org/files/education/cyberlecture/e201001/e201001-701.pdf

해외 여행을 다녀본 사람은 알겠지만, 한국인의 안경 착용은 흔한 일이며, 다수의 사람이 라식 또는 라섹 수술을 받았거나, 콘텍트 렌즈를 사용한다. 미국과 유럽은 한국보다 안경 착용자와 두꺼

운 렌즈를 낀 사람이 적다. 유독 한국인의 안경 착용이 많을까. 한국인에겐 안경을 착용해야 하는 유전자가 내재된 것일까. 한국에서 스마트폰과 컴퓨터 게임을 많이 해서일까. 한국과 미국, 유럽의 환경이 다를까. 아래 사진은 우리와 미국의 주거 환경과 독서실 사진이다.

출처: http://zipdoc.drapt.com, https://www.kangjunghoon.com/629,
https://www.pinterest.co.kr/,https://m.yes24.com/Goods/Detail/27702330

미국은 노란 백열등을 사용하며, 벽에 반사해서 사용한다. 실내가 어두워 바닥의 물건도 제대로 안 보인다. 한국은 LED 조명이 방마다 있고, 저녁에도 대낮처럼 환하게 살아간다. LED 조명이 전기요금이 저렴하다며, 수십 또는 수백만 원의 공사비를 들여 태양빛 아래서 생활하는 환경으로 만들었다.

우리가 태양빛을 바로 볼 수 없는 이유는 자외선(UV)이 많아서 그렇다. 자외선은 파장이 짧고, 에너지가 높다. 적외선은 파장이 길고 에너지가 낮다. 독서실 환경도 자외선이 많은 환경이다.

우리는 자외선이 많은 환경에서 10년 이상 공부했다. LED 백라이트인 스마트폰과 LED TV, LED 디스플레이 등은 우리의 눈을 망치는 원인이다. 나도 어두운 곳에서 공부하면 눈이 나빠진다는 생각을 갖고 있었다. 한국의 집은 자외선이 풍부한 밝은 태양 환경이고, 미국집은 적외선 가득한 붉은 노을환경이다. 자외선을 주로 사용하는 곳은 자외선 컵 소독기와 선텐기다. 자외선은 파장이 0~380μm(0~0.38mm)로 짧고 에너지가 높은 빛이라 소독에 적합하다. 그렇다면 사람 몸에는 어떨까. 선텐이 피부 건강에 좋을까. 자외선은 피부 세포 노화와 피부암의 원인이다.

디지털 헬스케어는 새로운 기술을 의학에 적용해, 건강 관리 및 질병치료에 혁신을 주는 것이다. LED 마스크 및 미용 제품을 보자. LED 마스크는 피부 미용에 좋다는데, 왜 이런 기사가 나왔을까.

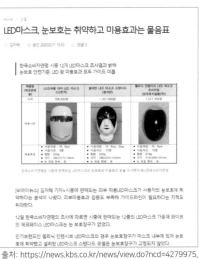

출처: https://news.kbs.co.kr/news/view.do?ncd=4279975,
https://www.beinews.net/news/articleView.html?idxno=30831

LED의 파장 범위는 530~550μm(0.53~0.55mm)이다. 대부분의 LED는 430~450μm(0.43~0.45mm) 파장에서 최대 에너지를 발산한다. 자외선은 아니지만, 블루 파장이 가장 높은 에너지 피크를 가진다. 스마트폰 뒤의 LED 조명을 맨눈으로 볼 수 있는가.

LED 마스크가 있다면 착용 후 눈을 떠보라. 눈이 너무 밝다면 더 이상 사용하지 않는 것이 좋다. 대부분의 LED 마스크 제품은 중국의 저가 LED를 적용해 장시간 사용하면 망막 손상과 황반 변성이 일어난다. 스마트폰 액정에 블루라이트 차단 필터를 사용하는 이유와 같다.

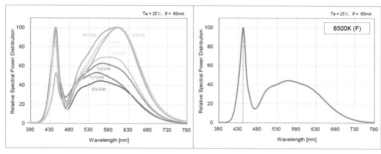

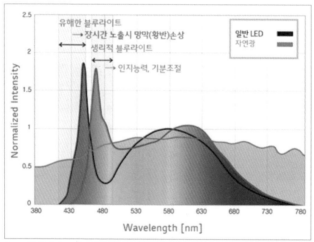

*LED 블루라이트 파장에 대한 분석 자료   출처: 배진용 교수님

위 그림처럼 LED 마스크는 미용효과는 없고 눈 건강에 나쁘다는 기사가 나오는 이유다. 나는 LED 마스크가 중국의 저가 적색 LED를 사용해 효과가 없으며, 장시간 LED를 사용하면 블루라이트 노출이 많아져, 망막손상이 심각해지는 것이 염려된다. 특히 LED는 수명이 다하기 전 블루라이트 파장이 증가되는 문제가 있

다. 따라서 LED를 피부 미용에 사용하는 것은 넌센스다. 병원에서 LED 파장으로 원적외선 치료를 하는 것은 피하는 것이 좋다.

적외선(IR) 중 파장이 길고 주파수가 느리며 에너지가 적은 원적외선의 효과는 1. 온열작용, 2. 숙성작용, 3. 자정작용, 4. 중화작용, 5. 공명작용이 있다. 신체 표면보다 몸속 온도를 따뜻하게 해서, 암세포 활성을 억제한다. 인체의 성장을 촉진시키고 상피 형성을 촉진해 흉터를 줄인다. 혈액순환을 좋게하며, 적정 수분을 유지한다. 노폐물 배설과 냄새를 중화시킨다. 발한작용으로 유해 중금속, 농약, 유해색소 등을 여분의 지방과 함께 체외 배출한다. 피부속 깊이 스며든 불순물과 화장품 찌꺼기를 땀과 함께 배출한다.

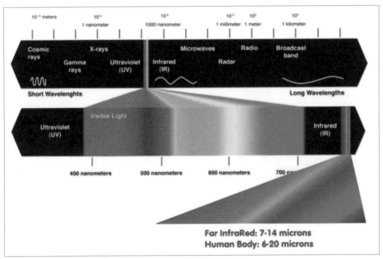

*인체에 유익한 원적외선 파장

적외선(IR) 중에서 원적외선(FIR) 파장 범위가 사람에게 유익한 6000~20000μm(6~20mm) 범위의 파장이다. 이 주파수 범위에 있어야 온열, 숙성, 자정, 중화, 공명 작용을 한다. 대부분의 LED는 430~450μm(0.43~0.45mm) 파장에서 최대 에너지를 발생하므로, 원적외선의 긍정적 효과보다는 눈과 피부에 악 영향을 준다. 시중에 있는 대부분의 LED 마스크는 효과는 적고, 시신경 손상 등 부작용이 크니 사용을 중지하는 것이 좋다. 현재 기술로 6000~20000μm(6~20mm)파장을 내는 LED 기술은 존재하지 않고, 상용화되지도 않았다.

LED가 고효율인 것은 LED의 자외선 및 블루 계열의 파장이 발생하는 숙명과 같다. 빛으로 원적외선(FIR)을 만드는 것은 낮은 수준의 기술이다. 높은 수준의 원적외선 발생 기술은 열(Heat)을 사용하는 것이다. 시골 할머니댁의 온돌, 맥반석 찜질방, 숯가마 찜질방과 사우나를 생각해보라. 인체에 유익한 원적외선이 많은 곳이다. 6000~20000μm(6~20mm)파장의 에너지는 복사열(輻射熱)이다. 삼겹살을 구워 먹는 경우를 보자. 후라이팬과 숯불 화로가 있다. 여러분은 어떤 방식을 원하는가. 숯불이 더 많을 것이다.

출처: https://hansfood.tistory.com/240,
https://eatch.net/454

왜 숯불의 삼겹살이 더 맛있을까. 숯의 탄소를 열로 진동시켜, 느린 에너지가 삼겹살에 전달되고, 속까지 잘 익기 때문이다. 고기의 내부 온도가 65도 이상에서 '겉바속촉'(겉은 바삭

하고 속은 촉촉)한 육즙이 생기는 것이다. 우리 몸이 원하는 원적외선 파장은 원적외선 복사열로 LED 빛으로 만들기 어렵다.

논리 확장으로 볼 수 있겠지만, 우리는 후임과 후배, 자녀의 교육을 위해 다음과 같은 방식을 사용한다. 1. 힘으로, 2. 욕으로, 3. 먹는 것으로. 어떤 방식이 좋을까. 나는 힘으로, 욕으로 사람을 변화시키는 것을 본 적이 없다. 짧은 시간의 효과는 있을지언정, 결코 오래가지 못하며 심지어 반발을 불러 일으킨다. 화가 나도 먹을 것을 나누며, 충분한 대화를 나누는 방법이 상대를 변화시킬 가능성이 높다. 마치 나그네의 옷을 벗기는 것은 거센 바람이 아니라 따뜻한 햇살인 것처럼. 원적외선이 위와 같다. (내 경험이 바탕이라, 과학적으로 입증된 것은 아니다.)

나는 라이트 히팅 케어(Light Heating Care) 또는 라이트 히팅 프로텍트(Light Heating Protect)로 업그레이드가 필요하다고 생각한다. 인체에 유익한 원적외선을 LED로 만들수 없어, 대학원 지도교수인 배진용 교수(동신대 에너지 융합대학원)와 함께 LED 제어 및 LED 발열 특허를 출원 중이다.

특허1. 대한민국 특허 출원번호 : 제 10-2020-0135105호
　　　발명의 명칭 : 스마트 발광 및 발열 장치
　　　출원일자 : 2020년 10월 19일
특허2. 대한민국 특허 출원번호 : 제 10-2020-0135112호
　　　발명의 명칭 : 원적외선 및 자외선 발생 장치
　　　출원일자 : 2020년 10월 19일

위 특허는 미공개 특허로, 세부적인 기술 공개는 불가능하며, 특허 출

원 후 "대한디지털헬스케어연구회"유튜브와 다음에 쓸 책에서 소개하겠다.

진정한 디지털 헬스케어 시대에 빛의 특성을 파악해 건강에 도움이 되는 제품이 필요하다. 디지털 헬스케어를 좁게 보는 것보다, 새로운 기술이 의료를 바꾸는 개념으로 보는 것이 타당하다. 복사열을 이용한 원적외선 방식의 라이트 히팅 케어(Light Heating Care)는 곧 여러분의 눈 앞에 펼쳐질 것이다.

4장

디지털 헬스케어
업체별
대응전략

디지털 헬스케어 시대
창의력을 어떻게 키울 것인가?

"벚꽃이 피는 순서대로 지방대학이 문을 닫을 것이다"는 말이 나왔을 때 다들 농담인줄 생각했지만 2021년 현실화 되고 있다. 2020년 수학능력시험 응시자(재수생 포함)가 입학정원보다 적은 일이 나타났다. 호남권의 대학은 신입생 대상으로 아이폰을 경품으로 내걸었고 100만 원의 장학금을 제시한 대학도 있다. 지방 명문 국립대인 경북대학교에서 지난 5년간 3천 명이 자퇴했고 전통의 명문 부산대학교도 2019년 모집인원 4509명 중 3397명(75.3%)이 입학을 포기했다고 한다. 출생률 저하와 수도권 집중 현상이 빚어낸 현상이다. 하지만 더더욱 심각한 문제가 있다.

초, 중, 고, 대학으로 이어지는 근대교육 제도는 독일에서 비롯되었다. 근원을 보자면 1623년 영국은 기술에 대가를 지불하는 '특허제도'를 시행했다. 당시 유럽대륙은 시계공업과 철 가공업 등 제조업이 발달했으나 영국은 농업 국가였다. 영국의 특허제도는 유럽의 엔지니어를 유입했고, 명예혁명(1688년 제임스 2세가 의회의 반란으로 쫓겨나고, 권리장전을 공포함)으로 정치가 안정되었다. 이를 바탕으로 산업혁명이 일어났다. 프랑스-프러시아 전쟁에서 승리한 프러시아는 1871년 베르사유 궁전에서 제2 도이치 제국을 선포했다. 세계사에서 한번 쯤 들어봤던 철혈재상 비스마르크의 역할이 컸다.

후발 산업 국가였던 독일은 1887년 기존 기술을 단순 개량해도 특허를 부여하는 '실용신안제도'를 최초로 시행했다. 동시에 영국과 프랑스 등 선진 산업 국가를 따라잡기 위해 근대 학교 교육을 실시했다. 역사에 조금이라도 관심이 있다면 마르크스(1818~1883)의 공산당 선언을 알 것이다. 1차 산업혁명 당시 노동자들의 참혹한 삶과, 그들을 착취하는 자본가에 대항하는 이론을. 반면 독일은 어린이를 학교에 몰아넣고, 교육을 실시했다. 독일의 교육 개혁은 성공적으로 이뤄졌고 산업국가로 성장했다. 그리고 근대 교육이 널리 보급되었다. 디지털 헬스케어 시대 창의력에서 뜬금없이 지방대학의 몰락과 근대교육 제도의 발생을 얘기한 것은 나름의 생각이 있기 때문이다.

잠시 시간을 되돌려 1980년의 노동훈으로 돌아가 보자. MBC에서 장학퀴즈가 인기를 얻기 전, KBS에서 중고교 학생을 대상으로 OX 퀴즈를 내고, 최종 우승자는 주관식 문제를 푸는 프로그램이 있었다. 내 머릿속에 기억나는 정답이 있는데 정답은 '매스 미디어(Mass Media), 매스 프로덕션(Mass Production)'이었다. 1980년대는 물자와 자본이 풍부하지도 않았다. 1980년의 한국과 1880년의 독일을 비교해보라. 독일은 대량생산에 적합한 대량교육으로 산업화에 두각을 나타냈다. 한국도 1960년대부터 시작된 경제개발 5개년 계획과 1970년대 중화학 공업 정책 그리고 근대 교육을 실시했다. 결국 산업화의 모범국가가 되었다.

앞에서 언급했지만, 2012년 4월 MOOC는 유명 대학 강의를 무료로 수강할 수 있는 교육 과정을 개설했다. MOOC는 수강자 수의 제한이 없는 대규모 강의(Massive)로, 별도의 강의료 없이(Open) 인터넷(Online)으로 제공되는 교육 과정(Course)이다. 영국, 프랑스, 독일, 중국 등으로 확산되었고, 세계 석학의 강좌를 무료로 접하고 SNS를 통해 질의 응답과 과제, 토론 등 양방향(Interactive) 학습을 할 수 있다. 한국도 2015년 4월 한국형 온라인 공개강좌(K-MOOC) 시범 운영에 참여할 10개 대학과 27개 강좌를 발표했다. 쿠텐베르크의 금속 인쇄처럼 지식이 널리 보급되다 못해 무료로 공개된 것이다.

현재 대한민국의 초중고를 거쳐 대학에 입학하는 제도는 세계 역사를 보면 약 140년 전에 만들어졌다. 아직도 우리는 대학입시에 많은 것을 걸고 있다. 코로나19시대에 수험생과 대형 재수학원에서 코로나19 확진자가 생겼다는 뉴스가 보도된다. 디지털 헬스케어가 상용화되는 2021년에 1880년대의 교육을 아직도 시행하고 있는 것이다. 그것도 전 국민의 협조와 염원을 담아서. 우리는 의미를 잘 모르지만, 큰 혁명이 일어난 것이다. MOOC를 공개한 이들은 더 이상 암기 위주의 공부가 불필요하다는 것을 알고 있다.

나의 전공의 시절. 환자의 신장 기능을 평가하기 위해 Cockcroft-

Gault Equation이나 MDRD GFR Equation을 계산했다. 비뇨의학과 과장님께 스마트폰의 애플리케이션으로 환자의 GFR(glomerular filtration rate, 사구체 여과률)을 계산한다고 곤욕을 겪은 적이 있었다. 애플리케이션은 필수 수치만 넣으면, 간단하고 착오 없이 계산하는데, 과장님은 그런 모습이 못 미더웠나 보다. 생각해보라. 누가 더 정확할지. 스마트폰 애플리케이션이 훨씬 더 정확하게 계산한다.

$$GFR = \frac{\text{Urine Concentration} \times \text{Urine Flow}}{\text{Plasma Concentration}}$$

이처럼 암기위주의 공부 방법은 더 이상 유용하지 않다. 근대 교육이 탄생하게 된 배경을 설명했다. 당시엔 지식의 양이 많지 않았고, 단순암기와 약간의 응용만하면 대접받으며 살았다. 의사와 변호사가 그렇다. 방대한 의학 교육과 법률을 많이 외고 국가 공인의 자격증(면허증)을 획득하면 가능했다. 생각해보라. 수학능력시험을 통해 암기하고 이해하는 지식은, 스마트폰의 검색 몇 번이면 금방 찾을 수 있다. 책상에서 종이 시험지에 필기구만 갖고 들어가는 시험 형태는 구시대의 유물로 전락했다.

이지성 작가는 '에이트(Eight. 인공지능에게 대체되지 않는 나를 만드는 법)'에서 인공지능을 설명한다. 2013년 '켄쇼'는 월스트리트의 '골드만삭스'에 취직했다. 신입사원 켄쇼는 먹지도 마시지도 쉬지도 않고 일만 한다. 고객에게 불친절하거나 상사와 동료와 불화도 없다. 이직에 대한 염려, 급여 불만은 물론 사내 권력 욕심, 이성 문제도 없다. 탁월한 신입사원 '켄쇼'는 600명의 트레이더가 한 달 가까이 처리해야 하는 일을 3시간 20분 만에 끝냈고, 심지어 막대한 이익을 안겨주었다. 덕분에 598명의 트레이더는 회사를 떠났다. 남은 두 명은 무엇을 했을까. 인공지능 켄쇼의 업무를 보조할 인력으로 전락했다.

인간 약사는 100건 조제 시 평균 1.7건의 오류가 있다. UCSF(캘리포니아대학교 샌프란시스코 캠퍼스) 메디컬 센터는 인공 지능 약사를 도입했고, 40만 건의 조제 중 오류는 0건이었다. 게다가 인공 지능 약사는 머리카락, 눈썹, 콧구멍, 입, 치아, 혀도 없다. 100% 위생적이다. 환자도 인공지능 약사를 선호한다. 조제 실수 때문만이 아니다. 100% 위생적으로 조제하기 때문이다.

'로스Ross'는 IBM이 만든 인공지능 변호사로 2016년 5월 뉴욕 로펌에 입사했다. '로스'는 미국이 독립한 1776년부터 지금까지, 243년간 미국의 모든 법률 문서를 저장하고, 그 문서를 1초에 1억 장씩 불러내 읽고 분석하고 적용한다. JP 모건 사내 변호사는 매년 1만 2천 건의 계약 업무를 하는데, 36만 시간이 필요하다. 자체 개발한 인공지능 변호사는 몇 초 만에 끝냈다.

인공 지능은 지금도 우리의 일자리를 가져간다. 의사, 약사, 법률가, 교사, CEO, 기업 임직원, 공무원, 회계사, 세무사, 관세사, 변리사 등. 왓슨은 IBM 경영진을 상대로 경영 지도를 한다. 왓슨보다 기업 경영 지식과 사례를 더 많이 아는 존재는 없다. 인공 지능 전문가는 공무원만큼 쉽게 대체되는 직업이 없다고 한다. 공감 능력과 창조적 상상력이 없어도 되기 때문이다. 여기에 힌트가 있다. 인공지능에 없는 공감과 상상력이 중요하다는 말이다.

인공지능은 인간 대졸자가 가질 수 있는 좋은 직업을 무차별적으로 대체하는 걸까. 이유는 간단하다. 인공지능은 처음부터 그럴 목적으로 설계되어 만들어졌다. 2011년부터 인공 지능은 그 능력을 갖추었다. 인공지능은 인간을 대체하고 뛰어넘고 지배하는 길을 걷기 시작했다.

지배 계급이 가장 중요시하는 것은 교육이다. 지배계급은 교육을 통해 부와 권력을 대물림한다. 대한민국의 지배 계급도 그렇게 했다. 조선의 지배 계급은 시대에 뒤떨어진 교육(성리학)을 했다. 150년 전 흑선이 강제 개항했던 일본은 메이지 유신이란 개혁을 했고, 그 핵심은 교육 혁명이었다. 일본은 서양 교육을 그대로 들여와 국민을 새 시대에 맞게 개조했다. 신미양요의 승리(승리인지도 모르겠지만)로 고종은 척화비를 세우고 쇄국을 했다. 근대화를 받아들인 일본과 근대화를 거부한 조선. 이후의 결과는 우리가 아는 대로다.

알파고는 21세기 흑선이다. 조선과 중국, 일본을 강제 개항시킨 21세기의 흑선이다. 1차 산업혁명을 완성한 서양은 동양에 흑선을 보냈고, 인공지능을 완성한 서양은 2017년 한국에 알파고를 보냈다. 서양의 흑선에 제대로 대응하지 못한 조선은 식민지가 되는 굴욕을 겪었다. 중국은 인공지능 논문 37만 건을 발표했고, 일본도 인공지능을 동경대에 입학시키려 애쓰고 있다. 중국과 일본은 국가적인 역량을 인공지능에 집중시키는 사이, 우리는 아직도 수학능력 시험에 전 국민적 관심과 애정을 갖고 있다니.

한 번 더 말한다. 알파고는 21세기 흑선이다. 4차 산업혁명의 핵심은 인공지능이며, 기계가 스스로 학습, 추론, 판단하여 거의 모든 분야의 인간을 대체한다. 1, 2차 산업혁명(증기기관과 전기의 보급)은 인간의 신체적 능력을 대체했고, 3, 4차 산업혁명(PC와 인터넷, 인공지능으로 대표되는 IT 혁명)은 인간 두뇌를 대신한다. 인공지능은 대졸자가 가질 수 있는 직업을 대체하는 것을 목적으로 설계

되었다. 소가 논과 밭을 갈던 시절이 지나고, 트랙터를 사용하자 소는 식용이 되었다. 인공지능이 상용화되면 인간도 영향 받을 것이다.

인공지능 시대에 대체되지 않는 나를 만드는 방법은 인공지능이 하지 못하는 능력(공감과 감성)을 키우는 것이다. 세계 최고 수준의 트레이더 600명, 최고의 명의, 변호사 등 집단 지성도 인공지능 앞에선 무력해졌다. 그렇다면 과연 어떤 능력을 키워야 살아남을 수 있을까.

이지성 작가는 '에이트'에서 2090년 한국사회는 인공지능 로봇이 대부분의 직업을 대체한 결과 한국인의 99.97%가 프레카리아트(Precariat)가 될 것이라 했다. 프레카리아트는 불안정한 노동계급(프레카리오/불안정한 + 프롤레타리아트/노동계급)의 합성어다. 우리는 어떤 교육을 해야 할 것인가. 지식과 기술 암기 교육을 버려야 한다. 17세기 영국의 특허와 19세기 독일의 실용신안제도처럼 기존에 없던 것을 만들거나, 혁신하는 창조적 상상력과 인간에 대한 공감능력을 키워야 한다. 디지털 헬스케어 시장에 필요한 것은 창의력이다.

에머슨은 "지식(Knowledge)과 지혜(Wisdom)의 뿌리는 같지만 습득 방법은 차이가 있다. 지식은 책이나 스승에 배우면 되지만, 지혜는 배운다고 얻지 못한다. 습득한 지식을 효율적으로 활용하는 것이 지혜이다. 머릿속 지식을 관찰, 이해, 가공해야 된다. 관찰과 이해를 통해 지혜를 획득한 사람들은 사려 깊다. 독서를 할 때도 처음부터 끝까지 자세히 읽고, 의문이나 이해가 안 되면 생각을 거듭해 지혜를 키운다. 독서의 목적은 지식을 습득하는 데 있지만, 지혜의 폭을 확장하는 데도 도움이 된다. 지식과 지혜는 모두 소중하지만 지혜로 바뀌지 않는 지식은 싹을 틔우지 못하는 씨앗과 같다."고 했다.

에머슨의 말처럼 디지털 헬스케어 시장에서 창의력을 키우기 위해서는 끊임없는 공부와 관찰이 필요하다. 일률적인 암기 위주의 교육은 수명을 다했다. 디지털 헬스케어에 관심이 있다면 신문 기사를 정기적으로 확인하고, 신간을 꾸준히 읽고, 관련 업계 사람들과 만나 정보를 교류해야 한다. 살롱 문화가 공산당 혁명을 가능하게 했다는 말이 있다. 물이 귀했던 유럽에서 맥주를 음용하던 사람들(언제나 취해 있었던)이, 살롱이 생기고 커피를 마시면서 서로의 지식과 정보를 교류하며, 많은 철학 사상이 탄생했던 것처럼 의사들도 다양한 분야의 사람들과 교류해야 한다. 빅데이터, 인공지능, 클라우드 등의 전문가와 만나서 대화하며 디지털 기술을 의학에 접목하는 시도를 해야 한다. 시민단체와 환자 단체 등과 만나 불편을 해결할 방법을 찾아야 한다. 보험회사와 정부를 만나 비용을 낮추면서 국민 건강을 향상시키는 새로운 방법을 고민해야 한다. 대부분의 사람은 직업을 갖게 되면 자신의 분야 사람들만 만난다. 생각을 조금만 바꿔, 다른 분야의 사람을 만나 교류하면, 시야를 넓힐 수 있고, 새로운 기회도 발견할 수 있다.

전공의 2년차부터 시작된 나의 독서는 '생각의 힘'을 키우는 바탕이 되었다. 책을 본다는 것은 시간과 공간을 뛰어넘어, 현명한 사람을 만날 수 있는 좋은 기회다. 나는 참석할 수 있는 조찬 강의는 대부분 들으며, 현장에서 강의를 정리하고 요약해서 페이스북에 올리고 있다. 공개된 페이스북에 올리는 이유는 나 혼자만 알기 아까워서, 그리고 다른 사람들의 사고에 도움이 되길 바라는 마음에서이다. 이런 과정을 반복하니, 나의 글쓰기 실력과 생각정리 능력이 향상되었다. 수년 간 축적된 내용을 바탕으로 디지털 헬스케어 관련 책도 쓰게 되었다.

공교육 차원의 모범 교육 사례가 있어 소개한다. 마이스터 고등학교인 수원 하이텍고등학교(교장 이의근)는 '더불어 살아가는 창의적인 글로벌 기술인 육성'을 교육지표로 전문기술인을 육성하고 있다. 하이텍고는 꿈을 찾아 떠나는 '진로 비전 스쿨'을 운영해, 적성 탐색 및 진로 설정을 기반으로 내적 학습 동기를 강화하고, 스스로 배움의 주체가 돼 삶의 목표를 설정하고 실현한다. 하이텍고의 교무실은 밤 늦도록 불이 켜져 있다. 교사들도 공부하고 의문점이 있는 학생은 교무실을 찾는다. 내가 방문했던 하이텍고는 교학상장(가르치고 배우면서 성장)의 본보기였다.

하이텍고는 학생의 인성 가치를 함양하기 위해 SVMP(Seven Value-Minded People) 프로그램을 운영한다. 행복하게 성공하기 위한 7Value(대인관계, 평생학습, 리더십, 열정과 노력, 실행 모험 도전, 감사와 긍정, 꿈과 비전) 함양 교육. 1일 5 감사 일기 쓰기. 학교장 및 명사 초청 비전 특강 등 대학진학을 위한 주입식 교육을 탈피한다. 이의근 교장은 "학생들이 적성과 진로에 맞는 비전을 정하고, 구체적 비전을 글로 써서 항상 마음에 새기도록 하고 있다"며 "자신에게 어울리는 미래 모습을 주기적으로 이미지화해 학습 내적 동기를 향상하도록 하고 있다"고 했다

대학입시만을 목표로 한 주입식 교육, 국영수를 바탕으로 사탐과 과탐만 공부하는 기존 학교 교육과 차별화된 교육으로, 학생들이 성장한다. 실제 기업에서도 수원 하이텍고 출신의 만족도가 높게 나타난다. 실제 산업 현장에서 창의력이 어떻게 작용하는지 두가지 사례를 보자.

극장과 라디오 광고에서 '경리업무 줄여주는 경리나라~'란 경쾌한 멜로디를 들었다. 원무행정 담당자의 미숙한 일처리로, 사업장현황신고가 제대로 되지 않아 애를 먹었던 적이 있었다. 경리나라는 경리업무의 본질인 '줄 돈 주고, 받을 돈 받는' 기능을 효과적으로 관리할 수 있

다. 경리나라에는 회계와 세무가 없다. 회계와 세무는 세무사가 한다. 경리나라의 핵심 가치는 기업 인터넷뱅킹이 있어, 프로그램 안에서 송금이 가능해, 업무 실수와 누락을 줄이는 것이다. 거래처 관리, 매입매출관리, 자금이체관리, 미수금/미지급금 관리, 증빙관리만 하면 된다.

경리나라를 만든 웹케시는 동남은행 출신 석창규 회장이 1999년 만든 회사로, 국내 최초 타이틀이 많다. '가상계좌', '편의점 ATM'을 최초로 만들었고, 국내 대부분의 은행 기업인터넷 뱅킹을 구축했다. 석창규 회장은 인터넷 뱅킹을 구축했기에, 경리나라에 인터넷 뱅킹을 추가할 수 있었다. 석창규 회장은 "세종대왕이 한글을 창제해 의사소통이 편리해진 것처럼, 경리나라는 경리업무의 한글이다."며 "(경리나라를 사용하면) 한글처럼 쉽고 편리하게 경리 업무를 할 수 있다."고 한다. 경리나라의 핵심은 인공지능 소프트웨어.

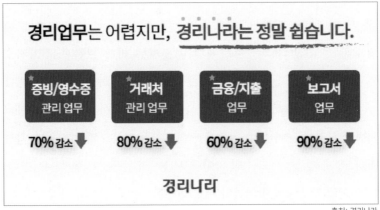

출처: 경리나라

혁신의 또 다른 사례는 국내 전자 식권 사업의 선두 주자 스마트 올리브(대표 박현숙)다. IT 솔루션 영업 담당자였던 박현숙 대표가 고객사의 HR 담당자, 기획부, 총무부와 만나 그들의 애로 사항을 들었다. 다른 사업부는 IT기술이 있는데, 밥 먹는 것은 종이 식권을 사용하는 불편함이 있다고 들었다. 박현숙 대표는 고객의 불편함과 니즈를 파악하고 전자식권 사업 시장조사를 했다. 시장성이 있다고 판단한 박현숙 대표는 스마트 올리브를 창업하여 다양한 고객 솔루션을 제공하고 있다.

첫째, 전자 식권으로 영양사들의 단순 업무를 줄이고, 효율적인 정산을 가능케 했다. 영양사가 식수를 정산하는 일과 장부 정리에 상당한 에너지를 쏟았는데, 전자 식권 도입으로 정확하고 편리해졌다. 둘째, 직원 복지 차원으로 전자 식권으로 외부 식당과 네일샵, 안마 서비스, 헬스클럽까지 이용가능하다. 편리함은 기본이며 이를 바탕으로 식단과 칼로리, 헬스클럽 방문기록까지 파악해 건강관리에 도움이 된다. 마지막으로 개발도상국에 진출했다. 개발도상국에서 스마트 올리브 전자식권을 사용하면, 사용자 식대 지출현황을 통해 소득수준을 유추할 수 있고, 국책은행과 연계해 신용카드 발급과 리스, 론(대출)까지 가능하다. 식권의 불편함을 해결하는 비즈니스에서 고객 편리와 해외진출까지. 창의성이 바탕이 된 사례다.

출처: http://www.smart-olive.co.kr/

이처럼 새로운 혁신은 멀리 있지 않다. 가까운 곳의 불편을 해결하는 노력에서, 하나씩 해결하면 혁신이 가능하다.

디지털 헬스케어 시장에 한정해서 보면, 한국보다 앞서있는 선진국의 사례를 꼼꼼히 살피는 것이 필요하다. 창의력의 바탕은 복제(카피)와 응용이다. "하늘 아래 새로운 것은 없다"는 말처럼, 이미 많은 사람들이 다양한 생각을 했다. 새로운 것이 뚝딱 생기는 경우는 드물다. 기존의 것을 더 편리하게 개선하려는 노력부터 시작하라. 사람들이 불편해하는 것, 어떤 점을 개선하면 더 좋을지 소비자, 고객의 관점에서 살펴보면 된다. 그것이 창의력의 출발이다.

한국 디지털 헬스케어의 성장에 필요한 창의성은 어디서 찾을까. 2018년 식약처가 개최한 행사 패널 토의에서 "한국의 디지털 헬스케어 산업 성장에 필요한 한 가지만 꼽아 달라"는 질문에 최윤섭 박사(디지털 헬스케어 전쟁)는 "더 많은 씨앗이 필요하다"고 했다. 그는 "한국만의 혁신적인 디지털 헬스케어 산업이 나오기 위해서는 기본적으로 일정 숫자 이상의 스타트업이 있어야 가능하다"고 했다.

스타트업의 숫자가 늘어나면 자연스럽게 시장의 니즈를 정확히 읽을 것이고, 이를 바탕으로 효과적인 공략법을 제시하는 창업자 수도 늘어날 것이라 했다. 모든 분야가 그렇듯 질적인 성장을 위해서는 양적인 성장이 필요하고, 양적인 성장을 위해서는 질적인 성장이 필요하다. 최윤섭 작가는 '디지털 헬스케어. 의료의 미래'란 책을 집필하며 디지털 헬스케어 확산의 선두 주자로 활발한 활동을 하고 있다.

한국에서 도전적인 스타트업을 찾기 위해서는 어떻게 해야 할까? 과감한 도전정신이 필요하다. 한국의 디지털 헬스케어 시장은 어디서 본 듯한 아이디어를 가진 스타트업이 대부분이다. 한국 의료시장의 특수성과 규제, 이해관계자의 대립 등으로 디지털 헬스케어 시장이 불확실한 것도 사실이다. 여건이 그렇다고 망연자실 손을 놓고 있을 수만은 없다.

최근 최윤섭 박사는 국회에서 디지털 헬스케어 발전 방안에 대해 발표할 기회를 가졌다고 한다. 다년간 다져진 내용을 충실히 준비해 국회를 방문했지만, 자리를 끝까지 지킨 국회의원은 없었고 참석하지 않고 보좌진만 보낸 의원도 있다고 한다. 국회의원은 바쁘다는 것을 알고 있지만 국민 보건의료와 대한민국 미래 먹거리가 될 디지털 헬스케어에 관심을 가진 국회의원이 아무도 없다는 사실이 디지털 헬스케어를 대비하는 한국의 현실이란 생각이 든다.

최윤섭
11월 7일 오전 9:53 · 🌐 · · ·

제목을 이렇게 쓰면 뒤끝있어 보이려나요..ㅋㅋ
국회 발표자료를 영상으로 만들어서 유튜브에 올렸습니다.

4차산업혁명? 혁신 성장? 유니콘?

한국 디지털 헬스케어
생태계의 생존을 위한
규제 혁신

YOUTUBE.COM

국회의원에게 전하고 싶었던 규제 혁신 방안 | 최윤섭 박사
2020년 10월 28일 국회 포럼에서 발표했던 자료입니다. 정작 국회의원들은 사진...

디지털 헬스케어는
당신의 일자리를 파괴할까?

디지털 헬스케어가 의료계의 일자리를 파괴할까. 시야를 넓혀 인공지능을 포함한 4차 산업혁명이 일자리를 파괴할까. 미래를 예측한다는 일은 쉽지 않으며 다양한 변수가 존재한다. 서부개척 시대의 영화와 미국 100달러 지폐의 주인공 벤자민 프랭클린, 해리 할로우의 원숭이 애착 실험 등을 통해서 그 사례를 알아보자.

미국은 남북전쟁 이전 태평양 연안까지 영토를 넓혔다. 프랑스에서 매입한 루이지애나(1803), 스페인으로부터 할양받은 플로리다(1819), 미국에 합병된 텍사스(1845), 미국-멕시코 전쟁에서 캘리포니아와 유타(1848) 등을 획득했다. 그러나 미시시피 강 건너 서부는 황무지였다. 광대한 땅을 개척하기 위해 물자와 사람을 운반할 대규모 운송수단이 필요했다. 1862년 링컨은 역사적인 대륙횡단 철도 건설사업에 서명했고 실제 공사는 1865년에 시작되었다.

미국의 동서횡단 철도 공사는 변변한 장비도 없이 인력에 의존했다. 미국 영토지만 지배권이 확립되지 않았고 인디언과 마찰도 여전했다. 당시 여건과 기술력으로 3천 킬로미터에 이르는 철도를 건설하는 것은 불가능해 보였다. 미국 정부는 투자자를 모으기 위해 파격적인 조건을 제안했고, 아이오와(동쪽)에서 시작한 유니언 퍼시픽 레일로드, 캘리포니아(서쪽)에서 철도를 건설하는 센트럴 퍼시픽 레일로드가 선정되었다.

영화 내용은 이렇다. 산맥과 하천 등 다양한 지형지물을 극복하고 철로를 깔아야 한다. 근로자는 삽과 곡괭이, 다이너마이트 등으로 터널을 파는 고된 하루를 보내고 있다. 악덕 고용주는 증기 기관 터널 굴삭기를 가져오며 노동자를 해고하겠다고 으름장을 놓았다. 불쌍한 노동자는 실업자가 되어 먹고 사는 문제가 생겼다. 노동자는 기계와 인간의 터널 파기 시합에서 사람이 이기면 해고를 철회하라고 협상했다. 고용주는 기계가 이긴다는 확신으로 해고 명분을 얻을 수 있으니 허락했다.

영화에선 기계를 의인화했다. 처음엔 사람(가장 젊고 건강한 남성)이 앞서고 때론 기계가 많은 일을 했다. 날이 저물고 사람도 지치고 기계도 덜그럭 거렸다. 결국 사람이 승리하는 해피 엔딩이었다. 이상했다. 기계는 약간의 부품 교체와 수리를 하면 다음날 일할 수 있겠지만, 사람은 가능할까? 군대 입대 전 인력 시장에서 아파트를 건설해본 일용직의 경험으로 다음날 체력을 100% 회복하기는 쉽지 않았다. 모든 힘을 쏟아 부은 젊은 근로자는 다음날 쉬었을 것이다. 기계는 약간의 수리 후 계속 일했을 것이고. 영화의 결론과 달리 육체 근로자는 일자리를 잃었을 것이다.

미국 최초의 대륙횡단철도 개통식(1869. 5. 10).
태평양 쪽의 철도 출발점 새크라멘토에서 출발한 최초의 대륙횡단열차는 엿새 반 만인 7월 29일 뉴욕에 도착했다.

출처: https://m.blog.naver.com/ksk3007/221996452200

인공지능, 빅데이터, 사물인터넷, 클라우드, 3D 프린터 시대에 인간이 행하는 단순 반복 작업은 기계로 대체될 것이다. 즉 현재의 의사, 변호사, 약사, 회계사, 교사 등 기존에 대학 졸업자들에게 선망의 대상이던 직업이 기계로 대체될 가능성이 많다. 이지성 작가의 '에이트'처럼 앞으로 사람들은 일자리를 잃고 목적 없이 무의미한 삶을 살게 될 것인가. 내가 정답을 아는 것은 아니지만 과거의 사례를 통해 유추해 볼 수는 있다.

미국 100달러 지폐의 주인공인 벤자민 프랭클린(1706~1790)을 보자. 벤자민 프랭클린은 난방용 보일러의 효율을 개선했고 가로등의 그을음을 줄이는 방법을 연구했다. 당시 가로등은 석유 등불로 사람이 불을 붙이고 불을 끄고, 유리의 그을음을 제거했다. 이후 에디슨(1847~1931)의 공로로 전등이 개발되어 전기 가로등이 보급되었다. 전기 가로등이 일상화된 현재. 우리는 과거 가로등에 불을 붙이고 불을 끄고, 그을음을 제거하는 사람의 실직을 걱정하지 않는다. 가로등에 매였던 사람은 다른 지식과 기술을 익혀 새로운 직업을 가졌을 것이다. 이처럼 기술 발전은 단기적으로 일자리를 없애지만 결국 다른 직업으로 이동한다.

주노 헤어의 강윤선 대표는 "인공지능 시대가 되어도 기계가 대체할 수 없는 직업이 헤어 디자이너"라 했다. 인공지능이 아무리 발전해도 사람의 머리를 자르는 섬세한 일은 기계가 하기 어렵다는 것이다. 사람의 머리는 정사각형체도 둥근 원형도 아니고 각자의 취향과 개성을 반영해 헤어 디자인을 하는 것은 어렵다는 말이다. 고령자가 폭발적으로 증가하는 상황에서 요양병원을 포함한 고령자 사업도 그렇다. 사람의 온기를 대체할 것은 없다. 인공 지능은 인간의 공감과 감수성, 창조력을 대체하기는 어려울 것이다.

사람에게 온기가 필요한 대표적인 실험은 1940년대 '해리 할로우(Harry Harlow)'의 원숭이 실험이다. 엄마와 아이의 정서적 교감과 애착 형성이 정서 발달과 이후 삶에 영향을 미치는 요인임을 증명한 실험이다. 해리는 아기 원숭이를 어미로부터 분리하고 철망으로 만든 가짜 원숭이 우리에 옮겼다. 하나는 철사로만 만들어 딱딱하고 차가웠고 다른 하나는 철사 안에 전구를 넣고 털로 감싸 부드럽고 따뜻했다. 각각의 철망 엄마에게 우울병이 있는 경우와 없는 경우를 설정하고 아기 원숭이가 어디에 있는지 관찰했다.

털 엄마에는 우울병 유무와 관계없이 달려가 안겼으나 철사 엄마에는 우울병이 있을 때만 가까이 갔다. 아기 원숭이를 위협하면 털 엄마에게 달려가 안정을 찾았다. 환경이 변하면 털 엄마에서 떨어지지 않으려 했다. 우유가 충분히 공급되면 성장 속도는 비슷했다. 그러나 철사 엄마에게 자란 원숭이는 소화에 어려움이 많았고 자주 설사를 했다. 따뜻한 엄마 품을 경험하지 못한 것은 정서적 안정감을 주지 못했고 스트레스에 민감한 상태로 자랐다.

먹는 것보다 더 중요한 것은 따뜻한 엄마의 품에서 정서적 안정감을 경험하고 애착을 형성하는 것이다. 6개월간 고립된 원숭이는 다른 원숭이와 제대로 어울리지 못했고 시간이 지나도 사회성이 형성되지 않았다. 부분적으로 고립된 원숭이는 멍하니 있거나 자해 행위를 하는 등 이상행동을 보였다. 원숭이 실험을 통해서 우리는 두 가지를 알 수가 있다. 첫째는 풍족한 먹을거리보다는 포근한 안정감이 우선이라는 것이고 둘째는 생물의 사랑은 피부를 통한 감각을 우선한다는 것이다.

여기에서 힌트를 얻을 수 있다. 인공지능이 사람의 단순 작업과 복잡한 업무를 대신한다 하더라도 사람만이 할 수 있는 일이 있음을. 벤자민 프랭클린이 고안한 거리 가로등이 에디슨의 전기 가로등으로 바뀌면서 가로등 관리자는 직업을 잃었다. 현대를 살아가는 우리는 가로등은 자동으로 켜지고 꺼지는 것을 알고 있다. 스위치만 끄고 내리는 것으로. 이처럼 새로운 기술의 등장은 필연적으로 기존 직업과 충돌을 일으킨다. 그리고 지식과 직업을 새롭게 교육해 다른 일자리를 찾아야 한다.

인공지능 등의 디지털 기술 발전으로 마찰적 실업자가 양산될 가능성은 있다. 1811년에서 1817년 영국의 중부, 북부 직물 공업지대에서 일어난 기계 파괴 운동이 있다. 정체 불명의 지도자가 주도한 운동이라 '러다이트 운동'이라 한다. 직물 공업에 기계가 보급되었고(현재 디지털 기술이 보급되는 것과 유사함) 나폴레옹 전쟁의 영향으로 불황이 지속되면서 고용감소와 실업자가 증가했다. 그리고 물가는 폭등했다. 실업과 생활고를 겪는 노동자는 자신의 처지가 기계 때문이라 생각하고 기계 파괴 운동을 일으켰다.

2014년 개봉된 영화 '카트.' 영화 포스터에 "오늘 나는 해고 되었다"는 말이 있다. 배우 염정아는 자신이 맡은 '선희 역'에 대해 "가정과 일밖에 모르면서 살았던 한 여자가 부당해고를 당하면서 성장해가는 모습을 그리고 있다"고 설명했다. '아마존 고'라는 무인 매장을 들어본 적 있는가. 아마존이 운영하는 무인 매장으로, 인공지능, 머신러닝, 컴퓨터 비전 등의 기술이 적용되어 소비자가 스마트폰에 앱을 다운받고 매장에서 제품을 고르면 연결된 신용카드로 비용이 청구된다. 영화 카트처럼 대형 마트의 카운터 일자리가 사라질 것이다. 하이패스의 보급으로 톨게이트 근로자의 고용이 불안정해졌다. 이렇듯 기술 발전은 기존 산업을 와해시키고 신산업을 일으킨다.

자동차 분야의 전문가 대림대학교 김필수 교수를 만나 전기차 이야기를 들었다. 전기차는 자율주행을 비롯한 첨단 기술이 도입될 것이며 대중화 될 것이다. 전기차가 대량 보급된다면, 기존 메이저 자동차 제조사는 인력을 감원해야 할 것이다. 전기 자동차는 배터리와 모터가 핵심 기술이며 소프트웨어가 추가된다. 내연 기관차에 비해 생산이 단순하고, 생산 인력도 줄어든다. 자신의 직장에서 자발적으로 퇴사할 사람이 있을까(한국의 노동 유연성은 매우 낮다). 자동차 산업 생태계의 변화로 실직자가 많아질 것으로 예상된다.

김필수 교수의 생각은 다르다. "전기차는 미래 먹거리의 총칭이며 미래 모빌리티(Mobility) 비즈니스 모델은 다양화된다. 기존 시스템에서 생산직이 40% 가량 줄겠지만 새로운 직업도 생긴다"고 한다. 미래 먹거리를 위한 전문 인력을 강조하며 "전기차 충전기 관리위원, 배터리 리사이클링 관리요원, 배터리를 폐기해서 리튬, 코발트를 분리하는 리사이클링 전문요원이 부족하다" 또한 "전기차 정비에서 중고 전기차를 진단 평가하는 새로운 일자리가 필요하다. 새롭게 창출되는 미래 부가가치와 새로운 일자리가 대단하다"는 예상을 했다.

김필수 교수는 "향후 5년 내 전기차가 보조금 없이 내연기관차와 치열하게 싸우는 시기가 도래할 것으로 예상하며 짧은 기간에 급격한 변화로 자동차 산업이 경착륙할 가능성이 높다"고 했다. "정부는 이 점을 명심하고 짧은 기간에 연착륙하면서 미래 먹거리를 확보할 기회를 잡아야 한다"고 조언했다. 전기차는 제조사에서 3년의 보증 기간이 지나면, 마땅히 수리할 곳이 없다고 한다. 도정국 동신대 교수는 "보증 기간이 끝난 전기차가 방치된 사례를 많이 봤으며, 전기차 기술인 협회를 통해 전기차를 정비할 인력을 양성 하겠다"는 포부를 밝혔다.

이처럼 신기술은 기존의 일자리를 파괴하지만 동시에 새로운 일자리를 만든다. 변화에 적응할 것인가 변화에 끌려갈 것인가는 자신의 선택에 달려 있다. 그렇다면 인공지능 시대에 의사와 간호사를 포함한 의료인의 역할은 어떻게 될까.

인공지능 의사가 인간 의사보다 뛰어나다 하더라도 내 생각에 인공지능 의사는 인간 의사를 보조할 것으로 예상한다. 서울대 병원은 인공지능이 영상 판독을 보조한다. 인공지능 기반 영상판독 보조시스템인 '루닛 인사이트(Lunit INSIGHT for Chest Radiography Nodule Detection)'는 소프트웨어 개발 회사 루닛과 서울대병원 영상의학과 박창민 교수팀이 공동으로 개발했다. 루닛 인사이트를 의료영상정보시스템(PACS)에 탑재해 영상판독에 활용하며 인간 의사가 놓칠 수 있는 작은 병변까지 파악한다고 한다. 인공지능이 의사를 보조하는 사례는 많다.

　인공지능이 우리의 일자리를 파괴할까. 나도 정답을 알고 싶다. 다만 과거 사례를 통해 보면 분명 다른 일자리가 생길 것이다. 그렇다면, 우리가 할 수 있고 인공지능에 대체되지 않는 나를 위해 훈련해야 할 것이다. 앞에서 말한 것처럼 지식의 단순 암기는 유용하지 않다. 헬스케어 분야에서 스마트폰 등으로 데이터를 수집하고 클라우드로 통합하여 인공지능으로 분석할 때 누군가 개입해야 할 것이다. 생산 공장이 자동화 되어도 사람이 필요한 것처럼. 병원에는 어떤 직업이 필요할까. 의학을 아는 데이터 전문가가 필요할 것이다. 의학을 아는 보안 전문가가 필요할 것이다.

　미국의 동서횡단 철도 건설에서 기계가 터널 굴착을 대신하듯 인공지능이 강점인 분야는 인공지능이 차지할 것이다. 생각해보라. 2021년 나는 기계만큼 터널을 잘 파니 일자리와 급여를 달라고 한다면 어떤 생각이 드는가. 인공지능을 필두로 4차 산업혁명이 진행 중이다. 인공지능에게 양보해야 할 것은 양보해야 한다. 우리는 사람만이 할 수 있는 일에 더 집중해야 한다. 그렇다면 개인은 어떻게 해야 할까. 각자에게 맞는 다양한 방법이 있을 것이다.

나의 짧은 견해로, 평생 학습을 추천한다. 2009년 레지던트 2년차 시절. 문득 '어떻게 살아야 하나'란 생각이 들었다. 다행이 의사가 되었기에, 주변에 성공한 분들을 만나 얘기를 들을 기회가 있었다. 그분들은 치열하게 살았고 주변의 도움과 적당한 운으로 그 자리에 올랐다는 것을 알게 되었다. 하지만 그분들의 사례를 내게 적용할 수는 없었다. 해답을 찾으려 몇 개월을 고민했다. 독서 모임에도 참석했다.

네이버에 키워드를 검색해보다가 벤자민 프랭클린을 찾았다. 번개가 전기임을 밝힌 '연 실험' 정도만 알고 있었다. 벤자민프랭클린 자서전을 서울 삼성병원 학회에 참석하는 3호선 안에서 절반을 일산으로 복귀하는 중에 나머지 절반을 읽었다. 그는 정규교육은 받지 못했지만 낮엔 일하고 밤에는 공부해서 여러 분야에서 다양한 업적을 쌓았다. 미국의 정치가, 외교관, 과학자, 저술가, 교육 문화 활동, 자연과학에서 전기 유체설 등을 남겼다. 그는 스스로 단련하기 위해 13가지 덕목을 만들어, 한 주에 하나씩, 13주를 4회 반복(52주)했다. 이것이 프랭클린 다이어리의 유래다.

정규교육을 받지 못한 벤자민 프랭클린은 런던에서 식자술(금속 인쇄술)을 배우고 미국으로 돌아왔다. 낮에는 일하고 밤에는 공부하며 지식을 채웠고 펜실베니아 가제트 신문을 사들여 영향력 있는 신문사로 만들었다. 1732년 자신의 인쇄소에서 '가난한 리처드 연감'을 발행했는데, 날씨와 생활 정보, 간단한 지식, 삶의 지혜를 다룬 일종의 종합 안내서였다. 가난한 리처드 연감은 베스트 셀러가 되었고, 도서관, 학교, 병원, 소방서 같은 공공시설에 투자했다. 1751년 필라델피아 대학(현재의 펜실베니아 대학)을 설립하고 초대 총장이 되었다.

벤자민 프랭클린은 기계와 과학에 관심이 많아 열효율이 높은 난로, 사다리 의자, 다초점 안경, 피뢰침, 넬라톤(소변줄의 일종) 등 수많은 물건을 발명하고 질병, 곤충, 해류, 인구, 전기, 태양의 흑점 등을 연구했다. 1747년 정치에 뛰어들었고, 그의 주도로 우체국, 공공병원, 군대 체계가 개선되었다. 1775년 보스턴 차 사건으로 촉발된 독립운동에서, 벤자민 프랭클린은 선봉에 섰다. 독립선언서 기초를 작성하고 독립 후 헌법 제정에 이바지했다. 벤자민 프랭클린의 삶에서 혁신이 어떻게 우리의 삶을 바꾸는지 알 수 있다.

전문의를 취득하고 요양병원을 개원 후, 같은 고민을 계속했다. 책을 읽고 경험을 쌓았고, 지인의 추천으로 2016년 휴넷(대표 조영탁) 행복 경영대학에 참여했다. 휴넷은 에듀테크(Education + Technology)를 도입해 "에듀테크 교육 혁명으로 모두가 행복한 세상을 만든다"는 비전을 공표했다. 강의식 교육과 1대1 교육의 학업 성취도를 비교하니, 50배 이상의 차이가 있다. 휴넷은 빅데이터와 알고리즘을 기반으로 맞춤형 교육을 한다. 또 다른 장점은 시간과 장소의 제약 없는 교육이다. 휴넷만의 학습 흥미 유발 프로그램으로 몰입

출처: https://m.blog.naver.com/PostList.
nhn?blogId=pentec

교육까지 가능하다. 휴넷의 에듀테크는 디지털 혁신의 좋은 사례다.

나는 휴넷 '행복 경영대학'에서 장인수 前 오비맥주 부회장, 손욱 前 농심 회장, 윤은기 한국협업진흥협회 회장, 이금룡 코글로닷컴 회장 등 시대를 풍미했던 분들의 살아 숨 쉬는 생생한 강의를 들었다. 그들은 참신한 생각과 열정, 도전정신으로 새 시대를 개척했다. 그들의 삶에서 배우고 함께했던 행복경영 원우들과 생각을 나누고 책을 읽고 요약 정리하기를 5년째 하고 있다. 그러자 약간의 내공이 쌓였음을 느낀다. 의사가 아닌 다른 분야의 사람을 만나도 대화가 통하고 그분들이 생각하지 못했던 아이디어를 드리기도 했다.

인공지능 시대, 디지털 시대라 해서 창의력을 기르는 방법이 뚝딱 생기지 않는다. 나는 "내가 하는 일의 의미를 찾고, 일을 효율적으로 하면 타인에게 도움이 된다"는 생각으로 일하고 공부했다. 평범했던 내게 이런 일이 가능했던 것은 끊임없이 새로운 것을 배우고 기록으로 남겼기 때문이라 생각한다. 독서는 과거의 구닥다리 방법이 아니다. 꾸준히 책을 읽고 신문을 구독하며 주변 사람들과 대화를 나누면 누구도 빼앗지 못하는 자기만의 경험, 역량, 노하우가 쌓일 것이고 시간이 지나면 창의적인 사람으로 변한 것을 확인할 것이다.

예상되는 디지털 헬스케어의 양면화

디지털 헬스케어는 기술의 혁신으로 의료 수준이 향상되는 것을 의미한다. 과거 의료 혁신 사례를 통해 현재 진행 중인 디지털 헬스케어가 어떻게 될지, 문제는 무엇인지 알아보자.

김소남 서정대 간호학부장의 초대로, 서정대학교 간호학과 나이팅게일 선서식에 참여했다. 대학 총장을 비롯해 간호학과 교수와 학부모, 학생들까지 참석한 큰 행사였다. 간호대 학생은 나이팅게일의 등불 및 간호정신을 상징하는 촛불을 밝히고 옆 동료에게 불을 나눠주며 간호사로서 마음가짐을 다지는 의식이었다. 간호사의 대명사가 된 나이팅게일. 그녀는 어떤 일을 했을까.

앞에서 헬몬트의 쥐 실험과 루이 파스퇴르의 백조목 플라스크 실험을 얘기했다. 안톤 판 레벤후크는 1683년 현미경으로 연못의 미생물과 사람의 구강 세균을 관찰했다. 서구는 미생물과 세균 감염 개념을 확립했다. 비슷한 시기 산업혁명으로 앞서가던 영국은 여성의 사회 진출이 이뤄지고 있었다. 여기서 나폴레옹 이야기를 하자. 나폴레옹은 포병장교 출신으로 대포의 사용과 효율적인 보급으로 유럽을 장악했다. 대포가 무기로 활용되니 사지가 절단되는 부상자가 속출했다. 무기의 발전으로 전쟁 양상과 부상자의 종류가 달라진 것이다.

크림 전쟁은 1853~1856년 러시아와 오스만투르크, 영국, 프랑스, 사르데냐 연합군이 크림반도, 흑해를 둘러싸고 벌인 전쟁이다. 부동항을 얻으려는 러시아와 각국의 다양한 종교와 이해관계가 얽혀 발생했다. 크림전쟁 당시 영국은 여성의 사회 진출이 이뤄졌기에 영국만 유일하게 간호사 부대를 파견했다. 크림 전쟁에서 죽는 병사보다 질병으로 죽는 병사가 더 많았다. 나이팅게일은 환자의 입퇴원 기록, 사망자 수, 병원의 청결상태 등 모든 것을 기록했다. 간호체계를 확립하자 군 병원의 사망자 수가 줄어들었다.

나이팅게일이 자료를 수집하고 분석하니 군인의 사망 이유는 감염관리에 달렸다는 것을 알았다. 당시 사지가 절단된 환자의 환부가 썩어가고 미생물의 존재를 알았으니 병원에서 하는 치료는 상처에 뜨거운 기름을 붓는 행위였다. 감염을 관리해야 하는 것은 알았지만 어떻게 하는지 방법을 몰랐던 것이다. 다만 뜨거운 기름이 균을 사멸해 환부가 썩어가는 것을 막을 것이란 기대였을 것이다. 상처 부위를 수돗물로 씻거나 빨간 소독약을 발라본 적이 있는가. 그렇다면 뜨거운 기름이 얼마나 아프며 효과가 없는지 알 것이다.

상부에 효과적인 보고를 위해 나이팅게일은 원 모양의 그래프를 만들었다. 일 년을 12달로 나눈 원 모양의 그래프에 매달 사망한 군인의 숫자와 사인을 색깔로 구별했다. 푸른색은 병원에서 전염병으로 사망한 군인, 가운데 고동색은 전투 중 치명적 부상으로 사망한 군인, 안쪽 분홍색은 원인 미상의 사망 군인이다. '장미 도표'라 부르는 그래프를 보면, 누구나 감염 관리가 중요하다는 것을 알게 된다. 5개월 만에 군 병원 내 사망률이 42%에서 2%로 크게 감소했다.

전쟁 후 영국으로 돌아온 나이팅게일은 대단한 반향과 함께 사회적 칭송을 받았다. 이런 업적을 설명하기 어려워 우리는 나이팅게일을 '백의의 천사'라 불렀다. 나이팅게일은 감염학과 통계학의 전문가였다. 나이팅게일의 성취에는 3가지 요인이 있었다. 세균의 발견과 전쟁 무기의 발달 그리고 산업혁명으로 영국의 여성 사회 진출이 활발해진 것이다. 우리는 서구 중세에 납을 금으로 만드는 연금술이 발달했다는 것과 마녀사냥으로 통칭되는 비논리적인 집단 광기가 있었다는 것을 안다. 그러나 그들은 자연과학과 철학의 발달로 산업혁명이 일어났고, 여러 가지 파생되는 문제를 극복하고 해결해 오늘날 세계의 주류가 되었다.

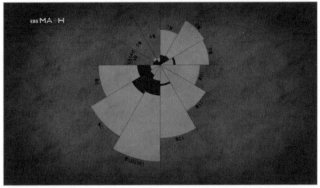

출처: https://m.post.naver.com/my.nhn?memberNo=34921815&navigationType=push

1816년 프랑스 내과 의사 '르네 래네크'는 청진기를 만들었다. 청진기가 개발되기 전 서구 의사는 환자의 가슴에 귀를 대고 폐 소리를 들었다. 2021년 현재 환자의 폐 소리를 듣기위해 환자 가슴에 귀를 대는 의사는 성추행범이다. 반대로 한의학 진맥에 폐 소리를 듣는다는 말을 들어본 적은 없다. 한의학은 동양의 주역과 음양오행 등 철학적 요소가 강하게 작용하고 있기 때문이다. 초음파는 청진기보다 폐를 더 정확하게 진단할 수 있다. 심장의 운동과 잡음, 폐 모양을 실시간 영상으로 볼 수 있다. 포터블 초음파가 널리 보급된다면, 청진기의 수명도 종료될 것이다.

이것이 혁신이다. 혁신은 언제나 있다. 우리는 혁신을 모르고, 세상이 좋아진 걸로만 생각한다. 디지털 헬스케어도 마찬가지다. 어렵게 접근할 필요가 없다. 청진기가 혁신이 되는 사례를 더 보자. 청진기는 병원에서 진료를 받을 때만 사용하는가. 아니다. 영화를 보면 금고털이범이 금고를 훔칠 때도 사용한다. 또 언제 사용할까.

스마트폰과 연결한 장치가 무선 청진기가 된다면 어떨까. 일상에서 듣기 어려운 자연의 소리를 들을 수 있을 것이다. 예를 들어 내 심장에, 나무에 'Stemoscope'를 붙인다. 블루투스 기능으로 스마트폰과 연동하고 이어폰이나 휴대폰 스피커로 평소 듣기 어려운 소리를 듣는다. 'Stemoscope'를 애플리케이션과 연동하면, 소리의 파형을 눈으로 관찰할 수 있다. 작은 소리를 듣기 위해 휴대용 청진기를 구매하는 것은 과하다고 생각할 수 있다.

만약 아이들이 천식이 있다면. 혹은 감기가 오래되어 폐렴이 의심된다면 Stemoscope를 통해 소리를 듣고, 이 소리를 인공지능을 통해 분석하거나 의사에게 전달된다면 조기에 치료를 받을 것이다. 폐렴을 조기에 진단해 치료하면, 환자의 고통도 줄고 치료 기간도 짧아진다. 또 다른 예로 반려 동물을 키우는 경우, 'Stemoscope'을 이용해 반려동물의 소리를 듣고 수의사에게 전달한다. 'Stemoscop'e의 장점은 작고 가벼워(30g) 휴대가 편리하다. 무선이라 휴대와 보관이 편리하다. 이것이 혁신이다.[12]

디지털 기술은 청진기에 스마트폰 마이크를 연결하여 디지털 청진기를 만든다. 디지털 청진기는 이상 신호를 자동 인식한다. 워싱턴 대학에서 개발한 '스피로 스마트(Spiro Smart)' 애플리케이션은 스마트폰 마이크를 이용한 디지털 폐활량계. 환자는 스피로 스마트를 통해 최대 호기량(Peak Flow Meter)을 측정할 수 있다. 폐활량 측정으로 천식, 만성 폐쇄성 폐질환 등 몇 가지 호흡기 질환의 진단을 돕고, 치료 효과도 확인할 수 있다. 가격도 저렴하고 사용법도 편리하며 기존 휴대용 폐활량 측정기과 비교해 5.1%정도의 오차밖에 없다.

스마트폰 마이크에 녹음된 목소리로 감정을 파악할 수 있다. 이스라엘의 디지털 헬스케어 스타트업 '비욘드 버벌'이 개발한 '무디즈' 애플리케이션은 언어의 종류에 관계없이 목소리 톤이나 억양 등 비언어적 요소를 분석해 감정을 읽는 기능이 있다. 이를 통해 환자 목소리에 기반한 우울증이나 심리 상태를 확인할 수 있다. 디지털 기술은 청진기부터 감정을 파악하는 것까지 혁신을 거듭하고 있으며, 이것이 디지털 헬스케어다. 디지털 헬스케어는 어렵지 않다.

---

12) 〈포터블 청진기 - 스마트폰에 연결하는 무선 청진기〉

"상상력이 없는 정신은 망원경이 없는 천문대 같다"는 헨리 포드의 말처럼, 디지털 헬스케어는 많은 이들의 염원과 상상력으로 실현되고 있다. 하지만 급속히 성장하는 분야에는 반드시 한계와 어두운 면이 있다. 디지털 헬스케어 시장 자체의 특성상 어디에서 어떤 문제가 발생할지 예측하기 어렵고, 대비가 어려운 경우도 많다.

디지털 헬스케어에 과학적, 의학적 타당성은 필수다. 근거가 있어야 한다. 의사는 진단과 치료를 할 때 과학적 근거에 기반한다. 의사와 환자의 선택을 받으려면 새로운 제품과 서비스가 효용이 있는지, 안전한지, 기존 치료법과 비용 대비 효과가 있는지 근거가 있어야 한다. 근거의 수준도 다양하며, 근거를 파악하기 위해 임상 연구가 필요하다. 임상연구도 실험군과 대조군의 무작위 설정, 이중맹검(double blind), 충분한 숫자의 참여자와 충분한 기간 등 고려할 것이 많다. 근거를 확보하기 위해 병원 등 의료기관과 협업을 해야 한다.

디지털 헬스케어에 참여하는 병원과 스타트업은 대부분 자원과 인력이 부족한 경우가 많다. 스타트업은 자사의 치료 기기나 서비스가 어떤 효용이 있고 안전한지를 의사와 환자에게 알려야 한다. 병원은 사소한 실수도 용납하지 않는 곳이고, 의사의 안전에 대한 염려는 상당하다. 의료는 환자의 몸과 마음에 직접적인 영향을 주기 때문이다. 정부의 헬스케어 관련 규제 수준이 높은 것도, 근거 중심의 치료와 환자 안전을 고려하기 때문이다. 스타트업은 이런 현실을 파악해 임상연구를 진행해야 한다. 새로운 의료기기나 서비스의 효용성을 납득시키면 된다. 결국 좋은 결과를 도출하기 위해 의사, 스타트업, 정부 모두 협력해야 한다.

환자유래 데이터의 소유권 문제도 고려해야 한다. 질적 및 양적으로 좋은 데이터가 디지털 헬스케어의 핵심이다. 기존의 의료정보는 환자가 병의원을 방문해 검사한 자료를 병원에 보관했다. 환자는 자신의 정보를 보려면 의무기록 열람 신청을 해야 했다. 개인정보가 중요해지며 개인정보 보호법이란 막강한 법이 생겼다. 개인의 정보를 보호해야 하지만, 때로는 디지털 헬스케어의 IT 솔루션에는 방해가 되기도 한다. 개인 정보에 대한 실제 예를 살펴보자.

개인 유전자 정보는 환자의 많은 정보를 담고 있다. 모든 유전자가 형질 발현되는 것은 아니지만, 특정 유전자 정보가 유출되면 개인의 프라이버시 침해 문제가 생긴다. 나의 DNA 정보를 정부나 회사, 보험사, 고용주에게 동의 없이 유출된다면 어떻게 될까. 부모의 유전자를 물려받았을 뿐인데, 유전자 문제로 취업이나 기타 불이익을 받는다면 문제가 된다. 보험사의 보험 가입이 거절될 수도 있다. 생명윤리법 제46조에는 '유전정보를 이유로 교육, 고용, 승진, 보험 등의 차별을 법으로 금지하고 있다.'

유전 정보는 가족까지 피해를 입을 수 있다. 유전자는 대를 이어 전달되기에 부모님이나 자녀의 유전정보까지 파악된다. 대표적으로 안젤리나 졸리의 유전자 분석 기사가 뉴욕타임즈에 실리면서, 그녀의 자녀는 자신의 의지와 관계없이 'BRCA 유전자의 가능성이 높다'는 것이 전 세계에 알려졌다. 유전자 분석의 이점은 분명하나, 이와 같은 어두운 면이 있음을 알아야 한다. 미국 유전자 분석회사인 '23andMe'는 개인정보를 보호하기 위해 유전자 분석 서비스 사업까지 축소했다. 유전자 분석이 널리 보급되면 이런 문제가 생길 것이다.

몇 가지 예상되는 혹은 예상되지 않는 어두운 면이 있지만, 디지털 헬스케어 산업은 성장할 것이다. 한국의 '데이터 3법'이 개정되어, 디지털 치료제(의료기기)가 급속도로 발전할 것으로 예상된다. 한국 디지털헬스산업협회의 송승재 회장과 한국바이오협회 서정선 회장은 2020년 1월, 데이터 3법 개정과 의료기기 산업법 재정에 따른 바이오헬스 산업전망에 대한 기자간담회에서 디지털 헬스케어를 포괄하는 융합바이오 육성에 대해 논의했다. 개정된 '데이터 3법'은 개인 정보의 개념이 명확해지고, 가명 정보의 사용이 도입되면서 보안시설을 갖춘 전문기관을 통해 기업 또는 기관 간의 가명화된 데이터 결합이 허용되었다.

데이터 3법의 개정으로 안전하게 데이터를 활용하고, 데이터 기반의 새로운 기술, 제품, 서비스 개발 등 산업 목적을 포함하는 과학적 연구, 통계작성, 공익적 기록보존 등 다양한 목적으로 가명 정보를 이용할 수 있게 되었다. 동시에 개인정보 오남용 및 유출시 과징금 및 형사 처벌 등 제재 방안도 마련됐으며, 이에 대한 감독기구로 개인정보 보호위원회를 신설하기로 논의되었다. 다만 한국 디지털 헬스케어 관련 논의는 다른 국가의 규제 완화와 비교하면 늦은 감이 있어, 지나친 장밋빛 전망은 금물이다.

세계 디지털 헬스케어 시장에 뛰어든 기회를 얻은 것일 뿐이기에, 앞으로도 정부는 현장의 목소리를 지속적으로 반영하고 지원해야 하며, 불필요한 규제를 혁파하거나, 미국 FDA의 Pre-certification 같은 시도도 필요해 보인다. 오상우 동국대학교 일산병원 가정의학과 교수는 "가명처리를 통해 활용 가능한 데이터 종류가 다양해질 것"이라며 "새로운 기술과 제품, 서비스 개발, 시장조사 등 활용 분야가 대폭 확대되고 특히 의약품, 의료기기 등의 연구로 활용 범위가 확대될 것"이라 했다.

의무		처벌
개인식별금지	가명정보를 제3자에게 제공하는 경우 특정 개인을 알아보기 위하여 사용할 수 있는 정보를 포함하여서는 아니 됨	형사처벌
	특정 개인을 알아보기 위한 목적으로 가명정보를 처리해서는 아니 됨	형사처벌/과징금(3%)
	가명정보를 처리하는 과정에서 특정 개인을 알아볼 수 있는 정보가 생성된 경우 즉시 해당 정보의 처리를 중지하고, 지체 없이 회수·파기하여야 함	과태료
안전조치의무	원래의 상태로 복원하기 위한 추가 정보 대상 기술적·관리적·물리적 조치 의무	형사처벌/과태료
	가명정보의 처리 목적, 제3자 제공 시 제공받는 자 등 가명정보의 처리 내용에 대한 기록 작성·보관 의무	과태료
결합 제한	서로 다른 개인정보처리자 간의 가명정보 결합: 전문기관에 의해 수행	형사처벌

출처: google

디지털 헬스케어가 발전하기 위해 정부의 정책적 의지가 필요하며 제도를 수정, 보완해야 한다. 정부 부처마다 데이터 표준화를 위해 노력하고 있는데, 디지털 헬스케어 산업의 표준 의료 데이터 및 활용 플랫폼이 필요하다. 데이터 표준화와 함께 가치 있는 데이터를 분류하는 작업이 필요하다. 2021년 현재 환자 정보를 공유할 수 있는 병원은 거의 없다. 병원 간 혹은 정부와 보험사까지 정보를 호환할 수 있는 시스템과 소프트웨어가 필요하다. '이원 다이애그노믹스'의 신상철 대표는 "보건의료 빅데이터의 경우 병원마다 다른 시스템에 축적되어 표준화가 시급하다"고 했다.

현재 산자부 주도로 상급종합병원을 대상으로 공통데이터모델 (CDM) 프로젝트가 진행되고 있고 8개 병원이 표준화 작업을 완료했다. 송승재 디지털헬스산업협회장은 "복지부가 보건의료정보원을 설립해 EMR 인증제를 시작했는데 인센티브를 통해 진료기록(차팅)의 품질을 높이는 방안을 검토 중인 것으로 안다"면서 "수가가 개선되고 지원이 많아지면 데이터 품질도 높아지고 표준화 절차 마련에 기여할 것"이라며 신상철 대표와 함께 정부 정책 보완 필요성을 언급했다.

보건 의료 데이터 활용이 많아지면 시민단체와의 마찰과 반발도 확대될 것이라는 우려가 있다. 송승재 회장은 "데이터3법 통과로 국민들의 개인정보권리가 침해되는 것이 아니라 더욱 안전하게 보호될 것"이라며 "정부가 나서서 국민이 가진 권리와 올바른 사용 방법에 대한 교육 방안을 마련하고 대국민 인식을 제고해나가야 한다"고 말했다. 신기술이 도입되고 기술이 사람의 삶을 바꾸는 초기엔 언제나 혼란이 있었다. 혼란을 줄이고 이해관계를 바르게 정리해야 기술발전의 혜택을 오롯이 누릴 수 있다.

디지털 헬스케어
스타트업을 위한 제언

내가 생각하는 디지털 헬스케어는 4차 산업혁명(인공지능 등) 기술이 보수적인 의료계에 혁신을 일으켜 효율적으로 건강관리와 치료를 하는 것이다. 과거의 사례를 통해 혁신이 어떻게 작용했는지, 현재의 4차 산업혁명이 어떻게 의료를 바꿀 것인지, 의료 혁신의 과제와 해결책을 알아보자.

찰스 다윈은 1831~1836년까지 세계를 탐험하고 1859년 종의 기원을 발표했다. 다윈은 박물학(동물학, 식물학, 광물학, 지질학)자로 영국의 해군 측량선 비글호에 탑승했다. 비글호는 남아메리카 대륙과 갈라파고스 제도, 뉴질랜드, 오스트레일리아, 남아프리카 대륙을 방문했고, 다윈은 동식물의 표본을 수집하고 동물 화석을 발견하고 외부와 교류가 없던 원주민도 만났다. 갈라파고스에서 독특한 새와 파충류를 봤는데 섬마다 형태가 달랐다. 다윈은 생물체가 다른 섬으로 이동할 수 없어 각자의 환경에 적응한 것으로 생각했다.

찰스 다윈의 연구가 빛을 발하기 위해 기술 발전이 선행되었다. 크리스토퍼 콜럼버스는 신대륙 탐험을 했고, 배의 성능이 개선되고 원양 선원이 걸리는 질병(각기병) 등을 극복했기에 가능했다. 각각의 기초가 된 기술은 삼각 측량법과 나침반, 항해 기술의 발전과 각기병 치료 등이다. 이를 해결한 영국이 해군을 파견했기에 찰스 다윈의 연구가 가능했다. 과학사에는 다윈처럼 비슷한 시기에 유사한 연구가 진행된 경우가 많다. 전화기를 만든 그레이엄 벨도 그렇다. 비슷한 시기에 여러 발명가들이 새로운 통신 수단을 발명하는 경쟁을 했다.

이처럼 디지털 헬스케어도 3차 산업혁명이라 불리는 컴퓨터와 인터넷 기술 이후에 4차 산업혁명이라 불리는 인공지능과 네트워크 기반의 기술이 발전했기에 가능해졌다. 이미 4차 산업혁명은 우리 삶의 곳곳에 침투해, 많은 것을 변화시켰다. 보수적인 의료시장의 진출은 상대적으로 늦은 편이다. 앞에서 CT나 MRI가 등장하기 전 진단적 개복술 이야기를 했다. 영상 기술의 발전으로 진단적 개복술의 가치가 떨어진 것처럼, 디지털 헬스케어가 곧 혁신을 일으킬 것이라 생각한다.

성공적인 사례인 연속혈당측정기와 인슐린 자동주입펌프를 보자. 당뇨는 혈당과 당화혈색소를 정상범위 이내로 관리해야 하는 만성질환이다. 손가락 끝을 바늘로 찔러 혈당스틱으로 측정하는 방식은 통증과 함께 번거롭고 이후 인슐린을 스스로 주사하는 불편함이 있다. 특히 1형 당뇨(주로 소아) 환자의 경우 인슐린 분비가 없어, 저혈당 위험이 있고 저혈당 쇼크로 사망하기도 한다. 연속혈당측정기는 패치로 부착해 5분 간격으로 혈당을 측정하고, 연결된 인슐린 자동펌프는 혈당에 맞춰 인슐린을 주입한다. 혈당 관리의 혁신 사례다.

디지털 기술을 활용한 혁신 사례는 계속 늘어날 것으로 보인다. 그러나 혁신적인 기술이 나오더라도 의료 시장에 안착하기 위해선 규제를 뚫고 보험 코드 등재 후, 수가를 받아야 하며 시장의 경쟁을 뚫고, 의사의 처방까지 유도해야 한다. 이 과정은 결코 쉽지 않으며, 대기업도 쉽게 돌파구를 찾기 어렵다. 특히 한국 의료기기 산업은 혁신성이 약화되고 있다. 혁신의 장벽은 다양하지만, 한국의 건강보험 체계가 주요 역할을 한다. 물론 규제도 한 몫을 하지만.

한국의 건강보험 체계는 국가 주도의 단일 의료보험 제도다. 개별적으로 가입하는 실손보험은 건강보험공단이 보장하지 않는 본인부담금과 비급여 치료를 보장한다. 건강보험제도는 전 국민을 대상으로 모든 병원에 적용되며 의료행위의 가격을 결정하고 병원에 가격을 지불하는 영역까지 관여한다. 해외 교민들이 귀국해서 질병을 치료하고, 복귀하는 경우가 많다. 그만큼 한국의 의료수가는 저렴하다. 국민은 낮은 비용으로 높은 수준의 의료를 경험하지만 혁신이 등장하기엔 나쁜 환경이다.

연세대학교 산학협력단의 '국민건강보험 일산병원 원가계산 시스템 적정성 검토 및 활용도 제고를 위한 방안 연구'에 따르면 우리나라 의료기관의 원가 보전율은 62.2~84.2%로 추정된다. 의료기관의 치료는 원가대비 손해를 본다는 말이고, 병원은 비급여나 장례식장 같은 비의료 수익을 강화한다. 국내 건강보험 수가는 원가 이하이며, 헬스케어 산업의 본질적인 문제는 여기에서 유래된다. 경제협력개발기구 34개 국가의 국내총생산 대비 의료비 비중은 9%이며, 우리는 7.7%다. 그렇다고 보험료를 올리기도 어렵다.

규제를 완화해서 새로운 의료 서비스가 나오더라도 저수가 구조에서 실제 임상 현장에 사용되기는 어렵다. 건강보험 재정이 나빠지면 무차별적 삭감을 경험한 의사들이 많아, 보수적으로 진료할 수밖에 없다. 코로나 방역에 선도적 역할을 했던 명지병원(이사장 이왕준)도 환자를 볼수록 적자를 봤다. 이런 환경에서 신규 진출자는 어떤 전략을 가져야 할까. 의료 시장에 성공적으로 안착하기 위해 3가지 분야를 살펴야 한다. 가격을 결정하고 비용을 지불하는 국민건강보험 공단, 시장을 장악한 글로벌 기업, 그리고 치료 결정권을 가진 병원이다.

가격을 결정하고 비용을 지급하는 건강보험을 보자. 디지털 헬스케어가 성공하기 위해 규제를 통과하고 제품, 서비스의 제조 허가를 받은 후 건강보험 급여 목록에 등재되어야 한다. 의료 수가가 없으면, 비용을 청구할 수 없다. 신의료의 안전성과 유효성을 입증 받아야 하고, 비용대비 효용성을 증명해야 한다. 기존 치료보다 안전과 효과를 입증하고, 비용을 낮춰야 건강보험 급여 목록에 등재된다. 저수가인 한국 의료 시장에서 가격을 더 낮추기는 어렵다.

시장을 장악한 글로벌 기업 입장에서 보자. 글로벌 의료기기 산업은 다양한 이해관계자로 구성되어 있으며, 자신의 전문 분야가 아니면 진출하기 어렵다. 대기업의 지분은 기관투자자가 다수 소유하며, 기업 경영 목표는 주주 가치극대화로 수렴한다. 수익구조를 높이기 위해 다른 회사와 파트너십을 맺거나, 기술이전, 인수합병에 관심이 많다. 기업 인수합병에 많은 돈이 들지만, 신규 사업 런

칭의 시간과 비용, 실패 리스크까지 감안하면 인수합병은 좋은 대안이다. 그래서 신규 기술을 만들어 M&A를 노리는 전략도 좋다.

디지털 헬스케어에서 빠질 수 없는 병원과 의사. 마지막 관문이 남았다. 규제를 통과하고 보험 코드를 획득하더라도 의사가 처방하지 않으면 아무런 소용이 없다. 의사에게 새로운 치료법이 효과와 안정성, 그리고 비용을 절감한다는 것을 알려야 한다. 그리고 의사의 이익도 고려해야 한다. 의사와 병원을 배제한 비즈니스 모델은 의료기기 산업에서 성공하기 어렵다. 치과의사의 협조로 성공한 임플란트 시장과 치과의사의 반발로 전략을 수정한 투명교정기(스마일다이렉트클럽) 사례가 있다.

디지털 헬스케어 시장에 성공적으로 안착하려면 유병률이 많은 질병을 대상으로, 새로운 기술을 적용해 효과와 안정성 그리고 기존 치료 대비 비용을 절감해야 한다. 스타트업은 우리 제품이 정말 필요할까를 고민해야 한다. 기술은 좋은데 사업화가 어려운 경우가 있다. 모든 역량을 동원해 낙상 방지 침대를 만들었다. 전국 1,500개 요양병원에 침대가 200개씩 있다고 가정하니, 30만대를 팔고, 해외 시장에 진출하겠다고 계획했다. 그런데 요양병원은 포괄수가제(일당정액제)로 묶여, 비싼 침대를 구매하지 않는다. 급성기 병원에서 효용성은 낮다. 그저 신기한 기술일 뿐이다.

디지털 헬스케어의 핵심은 새로운 기술이 아니다. 새로운 기술이 우리의 삶을 바꾼 것처럼, 의료산업도 바꿀 것이다. 사람들의 드러나지 않은 욕구를 파악하고, 디지털 기술을 포함한 새로운 기술로 문제를 해결해야 한다. 안전성과 효과를 인정받고, 규제를 통과해 보험코드를 받고, 의사의 처방으로 이어져야 한다. 복잡하고 시간이 오래 걸리는 일이긴 하다. 하지만, 새로운 기술은 우리의 삶을 바꾸고 있다. 누군가는 도전해야 할 것이다. 과정은 힘들지만 성공의 열매는 달콤할 것이다.

디지털 헬스케어의 혁신에
대응하는 보험사의 태도

디지털 헬스케어의 등장은 의료 참여자 모두에게 변화를 요구한다. 보험업계도 변화에 동참할 수밖에 없다.

전통적인 보험 산업은 "보험 계약자가 우연적인 손실 위험을 보험자에게 전가하고, 보험자는 다수의 보험 계약자로부터 손실 위험을 결합해서, 손실 발생 시 보험 계약자의 손실을 보상하는 제도"다. 이를 위해 갖춰야 할 조건은 사고 발생 확률을 예측할 수 있는 통계(확률적 수학)가 필요하다. 다수의 위험집단으로 보험료를 받아 기금을 조성하고 운용할 보험 단체가 필요하다. 마지막으로 보험업계의 고객인 위험집단이 필요하다. 디지털 헬스케어는 전통적 보험 산업에도 변화를 요구하는데, 디지털 헬스케어는 빅데이터를 기반으로 사람의 건강, 질병, 생활습관에 대한 데이터가 쌓이고 분석할 수 있는 인공지능까지 발전했다. 그리고 맞춤 건강을 유지하고 맞춤 치료로 질병을 관리할 수 있다. 이런 변화가 보험을 변하게 만들었다.

영국의 극작가, 조지 버나드 쇼 (George Bernard Shaw)는 "합리적인 조직은 자신을 세상에 적응시키지만, 합리적이지 못한 조직은 세상을 자신에게 적응시키기 위해 노력한다"라고 말했다.

현재 보험사들도 이러한 디지털 헬스케어에 적응하려 노력하고 있다. 보험은 사후적, 수동적 측면이 많다. 가입자의 사고나 질병, 사망 후 보험금이 지급되는 형태다. 디지털 헬스케어를 활용하면 사전적, 능동적 대응이 가능하다. 유사한 예로 자동차 보험을 살펴보자. 젊은 남자가 스포츠카를 구매해 보험 가입하면 보험료가 할증된다. 반대로 블랙박스를 장착하거나, 스마트폰 네비게이션의 운전자 점수가 높으면 보험료가 할인된다. 사고 위험을 사전에 예측할 수 있기 때문이다.

보험사는 가입자에게 건강관리 서비스를 제공하고, 적극 참여하는 가입자는 보험료를 할인하는 정책을 할 수 있다. 디지털 기기로 건강한 식습관과 생활 패턴을 유지하는지 알 수 있다. 식단관리와 운동을 기록하는 애플리케이션으로 쉽게 된다. 건강을 관리하는 사람은 의료비 지급확률이 낮다. 보험사는 보험료 지급위험성을 낮추고, 가입자는 보험료를 줄이면서, 동시에 건강을 개선할 요인이 생기는 셈이다.

뉴욕의 스타트업 보험사인 '오스카'는 2014년부터 가입자에게 활동량에 따른 금전적 인센티브를 준다. 보험 가입자에게 손목밴드 형태의 웨어러블 기기를 주고, 하루 목표 걸음수를 달성하면 하루 1달러의 인센티브를 제공한다. 이를 통해 가입자는 1년에 최대 240달러까지 인센티브가 가능하다. 미국 보험사 '존 핸콕'은 2015년 가입자에게 활동량 측정 웨어러블인 '핏빗'을 제공하여 활동량을 측정한다. 최고 15%의 보험료를 절감할 수 있고, 보험료 감면 외에 호텔 숙박권이나 기프트 카드를 제공 받았다. 추가로 핸콕은 자사의 모든 보험 상품에 웨어러블 기기에 측정된 데이터 기반의 인센티브를 시행한다고 밝혔다.

'카디오 그램'은 '아미카 라이프', '그린 하우스 생명보험' 등 타 보험사와 협업하여 웨어러블 기기를 통해 개인 정보를 제공하면 무료로 보험을 가입시켜주는 파격적 시도도 했다. 미국의 애트나 보험사는 애플워치를 활용한 '어테인' 건강관리 서비스를 선보였다. 애플워치로 측정된 건강 목표치 달성 여부에 따라 재정적인 보상을 해주는 것이다. 이런 프로젝트로 보험사는 90% 이상의 참가자들이 건강에 긍정적인 경험을 했다고 판단하여 정식 보험 상품으로 런칭 했다.

디지털 헬스케어는 개인 맞춤형 데이터를 축적해 의미 있는 정보를 추출해 보험에 활용한다. 삼성화재에서 출시한 당뇨 보험에는 '마이헬스노트' 애플리케이션이 있다. 마이헬스노트 애플리케이션은 혈당관리가 가능하며 임상연구로 입증되었다. 보험 가입자는 병원에 들르지 않고, 보험만 가입해도 자신의 건강을 관리할 수 있고, 보험사는 가입자의 유병률을 낮출 수 있는 효과를 얻어, 양측 모두 높은 만족도를 보인다. 비만, 우울증, 불면증, 외상 후 스트레스 장애 등의 만성 질환도 관리 가능하다. 보험사의 고민은 더 있다.

첫째, 과학적으로 증명된 기술을 적용해 건강보험 서비스를 제공해야 한다. 디지털 헬스케어 분야에서 진행되는 많은 임상 연구는 긍정적인 결과를 보여주지만, 실제 기대에 미치지 못하는 경우도 있다. 미국 FDA는 어바이오메드사의 '임펠라'라는 심장 삽입 순환보조장치를 허가했다. 임펠라는 고위험 관상동맥중재술 전 심실에 삽입해 심장의 기능과 순환을 유지하는 보조 심장 펌프다. 2019년 2월 미국 FDA는 어바이오메드에 경고장을 보냈다. 제품 시판 전 승인 때 제출한 임상 데이터보다 실제 유효성이 낮았기 때문이다.

둘째, 디지털 헬스케어에 사용하는 데이터의 소유권과 보안 및 프라이버시를 고려해야 한다. 개인 정보 중 건강과 질병정보는 민감한 정보라, 보험회사는 보험 가입자 정보 소유권과 권한을 철저하게 관리해야 한다. 지금도 문제되는 보험사의 사전 고지와 가입자의 동의는 디지털 헬스케어 분야에서 더 깊게 다뤄져야 한다. 특히 가입자 개인의 건강 관련 데이터 활용에 관한 부분은 반드시 짚고 넘어가야 할 문제이다.

현재 의료 데이터 및 개인정보에 관한 국내법이 모호하다. 개인정보 보호법이나 의료법 등에 따르면 건강정보의 범위, 의료정보와 일반건강정보의 구분, 개인 식별정보의 정의가 불명확하다. 또한, 익명에 관한 정의와 범위도 모호하고 의료 데이터의 특수성이 고려되지 않고 있다. 미국의 경우 의료정보 보호법인 'HIPAA'를 살펴보면 한국의 모호성이 얼마나 큰지 알 수 있다. 문제를 해결할 방법 중 특별법을 제정하거나 관련 규제 사이의 충돌을 해소하기 위해 의료 데이터 및 개인정보에 관한 법적 정의와 기준을 명확하게 세운다면, 보험사 운신의 폭이 넓어질 것이다.

셋째, 의료행위에 대한 해석이 필요하다. 지금까지 질병의 진단과 치료는 의료법상 의사만 할 수 있는 의료행위였다. 보험사의 선제적 건강관리 서비스가 의료행위로 해석된다면 의사의 반발을 예상할 수 있다. 2019년 5월 보건복지부에서 가이드라인을 내면서 보험사의 건강관리 서비스의 의료행위 판단 기준은 마련되었다. 그러나 보건복지부의 가이드라인일 뿐 개별사례로 들어가면 분쟁이 발생할 가능성이 있다.

디지털 치료제 같은 신약이나 치료제를 어떻게 정리, 분류할 것인지도 해결해야 한다. 외국 사례를 보면 당뇨병 예방 디지털 치료제와 스마트 칫솔, 우울증 관련 디지털 치료제가 있다. 한국에 도입되지는 않았지만 어디까지 의료행위인지를 판단하기는 쉽지 않을 것이다. 이처럼 새로운 기술이 등장하면 기존의 것과 충돌하고 이해관계를 조절하기 쉽지 않다. 법으로만 규정할 수 있는 것이 아니다. 2018년 유권해석을 위한 복지부 산하의 민관 합동 법령 해석팀이 출범했지만 아직까지 뚜렷한 활동은 없는 것 같다.

보험업계도 대비책을 세우고 있다. 보험을 가입하지 않아도 다양한 헬스케어 서비스를 제공한다. 사후 보험이 아닌 사전 관리로 전향하며, 목표 운동량을 달성하면 포인트를 주고, 음식 사진을 올리면 칼로리를 알려준다. 생체 나이를 분석하고 멘탈케어까지 한다. 코로나19로 비대면 영업에 애를 먹은 보험사의 타개책이다. 신한 생명의 하우핏은 웨어러블 장비없이 모바일 카메라가 운동 동작을 평가한다. 삼성화재 애니핏은 목표 걸음수를 채우면 포인트를 제공하고 보험료를 할인한다. 2020년 미래에셋생명 슈퍼챔피언 박명화 FC는 '헬스케어가 미래 보험산업을 이끌 핵심동력이라 생각한다'고 했다.

디지털 헬스케어는 필연이다. 변화된 기술을 받아들이고 낮은 비용으로 효과적인 건강 관리를 해야 한다. 2021년 현재 한국은 고령

사회(65세 인구가 전체 인구의 14%이상)다. 의사와 제약회사, 디지털 의료기 회사, 정부 등 다양한 의견을 모아야 한다. 그 방법은 환자의 건강에 도움이 되는 방향으로, 동시에 개인 정보를 철저히 보호하며 고령화에 따른 의료 비용을 절감하는 방향으로 가야 한다.

디지털 헬스케어라는
단어가 대중화될 때까지

디지털 헬스케어 전쟁 원고를 넘기고 사람들에게 책에 대한 얘기를 했다. 언론인은 의사가 디지털 헬스케어 책을 쓰는 것보다, "환자를 더 많이 보는게 좋겠다"고 했고, 은행 지점장은 의도는 알겠지만 "세상은 쉽게 바뀌지 않는다"고 하셨다. 이제 시작이란 생각을 했다. 세상은 빠르게 변하는데, 변화의 속도를 따라가기도 쉽지 않기 때문이다. 어떻게 하면 쉽게 쓸 것인가를 고민했고, 내가 아는 한 최대한 쉽게 쓰려 했다.

디지털 헬스케어는 "새로운 기술로 기존의 의료를 쉽고 편리하게 그러면서 건강을 지키는 것"이라 생각한다. 날마다 새로운 혁신이 생기고 있다. 경제 신문을 보면 새로운 스타트업이 생기고, 성과를 낸다는 기사를 봤다. 구강과 코에 뿌리면 코로나를 예방한다는 제품도 있다. 과거엔 상상하지 못했던 방식이다. 이처럼 기술의 발전은 빠르다. 이 책에서 다룬 혁신 사례가 얼마 지나지 않아 새로운 혁신으로 대체될 수 있다.

"인문학 서적은 오래된 것을 보고, 과학 서적은 최신을 보라"는 말이 있다. 오래된 인문학 서적은 시간의 무게를 극복하고 지혜를 전한다. 나도 논어, 맹자, 노자, 장자, 플라톤의 대화, 마르크스 아우렐리우스의 명상록을 수차례 봤다. 반면 과학 서적은 최신의 것을 본다. 기술의 발전은 효용과 편리를 높이기 때문이다. 디지털 헬스케어도 그렇다. 오늘의 혁신이 내일의 새로운 혁신으로 사라진다. 그래서 디지털 헬스케어 전쟁은 끝이 없다.

흑선의 출몰에 메이지 유신을 단행한 일본과 개혁 개방에 실패한 중국, 쇄국으로 식민지를 경험한 조선. 알파고는 21세기의 흑선이다. 과거의 쇄국 정책을 반복하지 않기를 바라며, 책에서 못한 말과 앞으로 하고픈 말은 유튜브(대한디지털헬스케어연구회)와 페이스북(노동훈)으로 전할 예정이다. 풀어야 할 난제는 많지만, 우리는 언제나 잘 극복해 왔다. 앞으로도 그럴 것이다.

작가 노동훈 올림.